縁を生きる

中野東禅
Nakano Tozen

創元社

はじめに

いま、ここに、こうしている、ということが不思議に思えることはないでしょうか。

もし、あのとき、あの人と出会わなかったら、わたしの人生は違ったものになったかもしれない、と思うことはないでしょうか。

ブッダは言っています。

「花が咲くのも、葉が散るのも、ひとりで咲いて、ひとりで散るのではありません。縁によって咲き、縁によって散るのです。」

花はわたしたちです。わたしたちも、縁によって命をさずかり、家族やいろいろな人とまじわりながら時を過ごし、やがてその生を終えます。喜びも、楽しさも、悲しみも、苦しみも、経験しながら。

ブッダはこうも言っています。

「あらゆる存在は縁によって起こります。そして、その縁はいろいろな条件の集まりです」と。
人も、こころも、物も、事も、すべてはいろいろな条件が集まって成り立っているということです。

＋

わたしは出家して六十数年になりますが、なにもわからずこの道に入りました。世の中のことがわかりたい、という一心だったのです。永平寺で修行を始め、多くの先達や同輩に学び、さまざまな機会に恵まれながら、「どのように生きるのがいいか」を問い続けてきました。もちろん、他の人のためになにができるかを考えながら……。

しかし、ふり返ってみると、周囲の人からお世話になったことがいかに大きなことであったかと思うばかりです。それらの人たちとのご縁が、わたしをどれだけ豊かにしてくださったことでしょう。それは、わたし自身の思いをはるかに超えている「仏縁」なのかもしれません。

さまざまな縁があります。出会いの縁、別離の縁など、数え切れぬ縁で人生は成り立っています。これは人間関係の縁、社会との縁といっていいのではないでしょうか。

一方、わたしたちはどのような縁で命をあたえられたのでしょうか。それは無条件にあたえられたものであり、選ぶことはできませんでした。

✢

この二つの縁がクロスするところに自分の「こころの縁」があると考えると、生きる道がおのずと見えてくるのではないでしょうか。おたがいを大切に思い、感謝しあうことが必要です。

孤独に耐えられないこともあります。不安にさいなまれることもあります。生きていくのがつらいと思う日もあります。しかし、「縁によって花は咲く」ことを忘れてはならないでしょう。純真に、真剣に、欲得を忘れて、こころの縁を生きていきたいものです。

目次

第二章 おかげさまの縁

第三章 こころの縁

編集協力――唐草書房
装　　丁――上野かおる
装　　画――出口敦史

第一章　命の縁

命の縁に気づく

自分の命を実感しはじめるのは人それぞれでしょうが、なにかきっかけがあってのことが多いと思います。

元気に生活している人は、とくに命を意識することはないかもしれません。「命はあって当たり前」だからです。しかし、自分の家族や親しくしている人が回復できない病になったり、亡くなったりしたときの悲しみ、苦しみに直面すると、自らの命について思いをめぐらすことになります。

自分はどのような縁で命をあたえられたのだろうか、その縁がなければ自分は存在しなかったのだろうか、と。

いくら考えても、それに答えをだすことはできません。命という縁は、基本的に自分では選べないものであり、生まれついた自分の身体も生まれた環境も無条件にあたえられたものだからです。

日本人の平均寿命は非常に延びてきています。現時点で八十四歳ですが、百年前の四十数歳とはたいへんな違いです。このまま延びていくか縮まっていくかはわかりません。地球環境などいろいろな条件によって変わってくることでしょう。

わたしたちにできることは、その選ぶことができなかった命をどう生きるかということです。

‡

仏教では、あらゆる存在は縁によって起こると考えます。

では、縁とはなんでしょうか。

それは、いろいろな条件の集合です。ですから、命の縁はいろいろな条件で生起し、自然の摂理に組み込まれています。

このような真理を説いたブッダは、いまから二千五百年ほど前にシャカ族の王子として生まれ、二十九歳で妻子や国を捨てて出家し、三十五歳で悟りを開きます。

それからの生涯、「命は縁によって生じるが、人間は自らのこころのありようや行為によって新たな原因と結果の関係をつくりながら生きている」ということを説きつづけます。

そして八十歳のとき、「私は年老いて、すでに人生の終わりに達した」と言われて、故郷を目ざして旅に出ます。しかし、故郷にたどりつくことなくクシナガラの地で入滅します。

生きる苦しみ、老いる苦しみ、病気になる苦しみ、死の苦しみ、いわゆる「生《しょう》・老《ろう》・病《びょう》・死《し》」の四苦《しく》を説いたブッダ自身が、自らがゆったりとその死を受け入れ、一生を終えたのです。仏教の教えはここに始まります。

命の縁をどう生きるか

「お大師《だいし》さん」の呼び名で親しまれている弘法大師空海《くうかい》は、平安時代に活躍した偉いお坊さんです。天才と称されることもありますし、高野山を開いたことでも広く知られています。その空海さんに次の言葉があります。

生まれ生まれ生まれ生まれて、生《せい》の始めに暗く、
死に死に死に死んで、死の終わりに冥《くら》し。

声に出して言ってみるだけで、意味はなんとなくわかります。
人はそれぞれに生まれきて、それぞれに死んでゆくけれども、どの人も自己の生の生起する根源は自覚できないし、死にゆくときも、死んでどこへ行くの

かということはわかっていません。つまり、「生まれてくる命は縁としかいいようがない」ということを説いています。

人はそれぞれ生まれてくるということは、わたしたちが生きている現代においても本当に実感できます。縁としかいいようのない命ですが、あたえられてからも自分の思いどおりにはいかないものです。「自分の都合を超えている」というような状況です。

‡

病気や事故などで生死の境をさまよった、という経験をもつ人もいると思います。「いつ、どこで、どんな理由によって死ぬか」も縁としかいいようがないとハラを決め、その縁を全力で生きるしかないことになります。

数年前、医者から心臓肥大だと注意されました。心臓の大動脈弁がきちんと閉まらないために、送り出した血液が戻ってきてしまって心臓に負担がかかっている状態なのだそうです。そして昨年、「そろそろ大動脈弁を換えたほうがいいでしょう」と言われ、ＭＲＩで調べてもらいました。

その映像を見せられながら、「これがあなたの心臓です。心臓の外側のこの太い血管が直角に曲がっていますね。これは川崎病の後遺症です。あなたは赤ちゃんのとき高熱を出していませんか」とたずねられました。

わたしには覚えのないことだったので、姉が知っているかもしれないと思い、八十八歳になる姉に電話で聞いたところ、姉は泣きながら次のような話をしてくれました。

「お前が三歳のときに母親が亡くなった。その直後からお前は泣き出し、葬式が終わるまで三日間泣いていた。村の医者が来て、原因がわからないから対処方法はないが、とにかく熱を下げることはしっかりするようにと指導された。そのときのことだろう」と。

七十数年後に初めて知った「自分の命の事実」に、わたしは驚きました。そして、命の縁、死ななかった縁に深く感謝したのです。

川崎病というのは、主に乳幼児がかかる病気で、全身の血管に炎症が起き、発熱・発疹などの症状をひき起こします。小児科医の川崎富作先生が発見した病気で、原因はまだわかっていないそうです。

‡

禅の言葉に、「水中《すいちゅう》の魚《うお》のごとし」というたとえがあります。魚は魚として自立していますが、魚は水によって生かされているので水から離れることはできません。つまり、魚は水によって生かされつつ、その中で自立しているわけです。

わたしたちもまた、生まれる命を選ぶことはできませんが、その命（わたしという個性）を「わたしが主体として責任をもってあずかっている」ということになるのです。

あたえられ、あずかっている命を、責任主体としてどう生きるか。それは、命の縁という「タテの縁」をどう生きているか、と問われていることになるのです。

自分は空気に生かされている

お経に、「独生《どくしょう》、独死《どくし》、独去《どっこ》、独来《どくらい》」という言葉があります。一人で生まれ、一人で死に、一人で帰ってゆき、一人でやって来たのさ、という意味です。「一人」ということは、だれかと道づれではないということです。つまり、「生まれるのも死ぬのも、かけがえのない〝わたし〟一人である」ということを意味しています。親であろうと子どもであろうと、命はそれぞれの持ちものなので替わることなどできないのです。

山田無文《やまだむもん》さんは、花園大学学長や妙心寺派管長を務めた現代の名僧でした。青年時代に肺結核にかかり、大学を休んで愛知県の山村の親もとに帰って療養していました。当時、結核は「死に病」と恐れられていましたから、離れに寝かされていました。お手伝いさんは、食事を持ってきても、障子の陰からそっと置いて逃げるようにもどってしまいます。

「あー、みんなオレの死ぬのを待っているんだなあ。勉強したいこともいっぱいあったのに……」と悶々としていました。

そんなとき、なんとなく外の空気に触れたくなって、寝床からはい出してぬれ縁まで出て、そこに腰かけました。「ナンテンの花が咲いていたのを記憶しているから初夏だったと思う」と回想しています。

すると風がわずかに吹きました。「あー、気持ちのいい風だなあ。風って空気が動いているんだっけ。小学校で習ったなあ」と、そこまで考えたとき、ふいに「その空気はオレの肺にも入ってきているな」と思います。その途端、「そうだ。空気は結核のこのオレを生かしているだ！」と気がつきます。

「そのとき、鉄の棒で背中をどつかれたような感じがして、涙が出てたまらなかった。それから、食べるものがおいしくなった。そのうちに薄紙をはがすように肺結核は回復した。」

そう回想しています。

山田無文さんは、空気という根元的で大きな力が自分を動かしていることを実感したというわけです。

‡

豪潮《ごうちょう》という江戸時代のお坊さんは、「借宅証文《しゃくたくしょうもん》」というおもしろい証文を書いています。

人はみな、「地《ち》・水《すい》・火《か》・風《ふう》・空《くう》」の五つによってできている命という借家を一軒借りているのだから、〝自然・寿命〟という大家さんが、「入り用になったから返せ」と言ってきたら借家人は返さなければならない、という証文です。その五つとは、「地―身体の堅い部分、水―水分の機能、火―体温の機能、風―呼吸の機能、空―変化する性質」のことです。

いつ「命を返せ」と言われるかわからないわけですから、いつでも「あの世への宿替え」の用心をしておきなさい、ということです。

自分の命は、自然という大きな命にささえられ、わたしがあずかって生きている——そういう視点をもてたら、命の尊さと責任の大きさが見えてくるのではないでしょうか。

存在することの喜び

「自己」という存在は、母親の妊娠・出産という縁があって成立しますが、それはあまりに当然なこととして受けとられ、疑問をもたれることはありません。しかし、自己存在のはじまりそのものは命の縁に恵まれたためであることを、もっと意識したほうがよいでしょう。

生まれてきてはじめて、いろいろなことを感じたり、思ったりしながら、自己存在をたしかめることができるわけです。自分がいま、ここにいることを喜べるわけです。そういう存在であることに、感謝しなければならないと思います。

未婚の女性が、ある日、妊娠に気づきました。恋人にそのことを知らせると、彼は堕胎するよう懇願します。しかし、彼女はそれを拒み、恋人と別れてひとりで子どもを産みました。自分がいま存在していることの喜びに気づいたからでした。

自分が人としてこのように存在していなかったら、自分の世界はありません。生まれてくる子は生まれてきてはじめて、自分の世界をもつことができるわけですから、その子に「存在」をあたえたかったのです。

一方、なにかの理由で生まれなかった命があります。命の縁がなかったのです。そのようなことに思いを馳せるとき、命の縁についての見方はずっと深いものになってくると思います。

縁があって生まれた命ですが、やがて死を迎えます。いろいろな理由で死に至るわけですが、その縁は、命の縁と同じように自分の都合を超えたものです。人は命の縁によって生まれ、人として成立しているわけですが、その存在は死という終わりを内包しています。

そうだからといって、存在していることの喜びはかけがえのないものであることにかわりありません。むしろ、その喜びは、自らの死を考えてみることによって深まるものです。

大学で「生き死に学」の授業を担当していたとき、学生に「自分が病気で死ぬ立場になったときの〝親しい人への別れの手紙〟」を書いてもらったことがあります。内容はさまざまですが、自分の死を想像することによって、自分の誕生の縁、命の縁を見つめている手紙が少なくありませんでした。

自分の死を想像することによって、生きていることの喜び、生きていることへの感謝の気持ちが鮮明になるようです。

‡

同じ「生き死に学」の授業で、期末試験の際にある女子学生が書いた文章です。

授業で、生き死ににについて学んだとき、家に帰って母親に話したら、「そうね。あんたも、もしかしたらこの世にいない人かもしれなかったから」と言うのです。

びっくりして聞いたら、「お医者さんから、母体がたえられないから妊娠してはいけないと言われたの。でも、一人だけでいいから子どもが欲しかったので、万が一のときも人のせいにしないからどうしても産みたいの、とたのんで、あなたを授かったのよ。だから、あんたはこの世にいなかったかもしれないのよ」と言われました。二十歳になって初めて自分の生存の不思議についての事実を知ったのです。

自分の命を、「いま・ここにあることの不思議」から見つめてみることは、死から見つめてみることと同様、根源から見ることです。

禅に、「生きているところ、死という場面に、あなたの人格と本心とが丸出しではたらいている」という言葉があります。別の言い方をしたら、「あなたは全力で主体的に生き、死ぬのです」ということです。

仏の目線を意識する

ある高僧の講話集を読んでいたら、「私は虚弱体質でした。そのために、幼いときに両親が羽生田《はにゅうだ》のお地蔵さんのお寺に連れていき、お地蔵さんの弟子にしてくれました」という話がありました。高僧は新潟県の弥彦《やひこ》あたりの生まれでした。

子どもが育たない家では、よく育つ家の門のあたりに自分の子どもを捨てて、その家の人に拾ってもらって「疑似《ぎじ》もらい子」にするとか、神仏の弟子にするとか、神主さんや坊さんの子どもにして改めてもらい受ける、というような信仰習俗がありました。鎌倉時代からのようで、形はさまざまですがほぼ全国にありました。新潟県では、神仏の弟子にすることを「とり子」といいます。

羽生田のお寺では、台帳に両親、子どもの名前、生年月日、性別などを記録し、将来の契約解除日を記入します。

記入が終わってから、和尚さんが親に言ったそうです。「今日からこの子はお地蔵さんの弟子になりました。したがって今後、なにがあってもこの子の頭をたたかなければ丈夫に育つでしょう」と。そして、そのように育てられたことを高僧は感謝していました。

この信仰習俗は現在いくつかの地方にまだ少し残っています。「なぜ頭をたたいてはいけないか」を考えてみると、「子どもは仏さまからのあずかりもの」という視点があるからではないかと思います。

親の言うことをなかなか聞かない子に腹を立ててどなったりします。それは、親としての教育責任があるからです。しかし同時に、親の支配意識から子どもをコントロールしようとして叱るわけです。ところが、子どもはお地蔵さんの弟子です。親は子を教育する責任がありますが、人間です。人間が仏さんをたたいたら筋違いです。ですから親が忍耐して考え深くなることで、子どもも落ち着くわけです。

とり子を調査したときのアンケートの中に、「おとり子の子どもが悪さをしたり、言うことを聞かなかったときどう対応しますか」という質問を入れておきました。回答の中に「お前さんは仏さまの子だから悪いことはできないのですよ、と言いきかせました」というのがありました。

これは、親も子も、「何かあったら〝仏〟という基本的視点に戻る」ということだと思います。もちろん親も子も人間です。しかし、「仏の命の一部分を人間としてあずかっている」という考え方です。あずかっているのですから、「学校が終わったら契約を解除します」などという条件をつけるようです。

‡

ブッダが祇園精舎《ぎおんしょうじゃ》の僧坊にいるときのこと、十五歳の少年僧が重病になり、ブッダに聞きたいことがあるので会いたいと言います。ブッダが訪ねると、室内は吐瀉物で汚れています。聞くと、「私は遠くから来て僧になったばかりです。だから看病してくれる友だちはいません」と言います。

そこで、ブッダに従ってきた弟子のアーナンダに水をくんでこさせて、部屋を掃除し、少年の身体を洗い、「私に聞きたいこととはどういうことか」とたずねます。少年は「ブッダの教えがよくわからない。とくにあの世がわからない」と言います。もうすでに死を予感しているようでした。

そこでブッダは、こころのはたらきについての話をします。これは、『般若《はんにゃ》心経《しんぎょう》』にもある話で、「身体と、感覚器官と、記憶と、好き嫌いの欲求と、自意識の五つの機能が連携してこころがはたらいている」という人間観の基本についてのものです。

聞いていた少年はとても感動します。

するとブッダは唐突に、「君のあの世はよい所だ」と言います。

自分の命の仕組みが縁（条件の集合）で成り立っているという真理を知って、少年は自己の命に充足し、喜びで満たされたのだと思います。その充足感がつくるあの世ですから、ブッダは、「君のあの世はよい所だ」と言ったのです。

現実の生と死を見つめる

世界の宗教や哲学、人生論において、「死」は最も重要なテーマとしてあつかわれています。死は人間の存在にとって根源の課題だからです。

一方、それぞれの人が死にいたる過程は固有のものです。それにかかわる家族や親しい人たちの状況もいろいろです。それでいながら死は、命の終焉という点において平等です。死をとりまく状況は違っているのに、一貫する何かが見え隠れしているのです。

高齢社会になって、上手な「死に方」が問題になっています。

老いるまで生きることができても、「身体が言うことを聞かなくなったら、死んだほうがましだ」と思っている人は少なくありません。「元気なうちに死にたい」という声がいろいろなところから聞こえてきます。

しかし、死は都合よく訪れてはきません。命という縁が基本的に選べないように、死も基本的には選べません。命の尽きるまで生きているという現実があります。

その命をどう生きるか。それは、人が必ず向き合わなければならない問題ですが、「命のあるがまま」を見つめることが一つの答えになるのではないでしょうか。

仏教ではそれを「如実知見《にょじつちけん》」といいます。事実を事実のままに受け入れる知恵です。

‡

今川文暁《いまがわぶんぎょう》さんは、新潟県の禅僧で、昭和五十九年に八十歳で亡くなりました。魚心子《ぎょしんし》の号で俳句を詠み、俳画も画きました。多くの友人に送った絵はがきを集めて、関係者が『魚心子和尚からの絵はがき』（考古堂書店）という本にまとめました。その中にこんなはがきが収録されています。

こないだは　地獄の門で断られ　いやはや　こんどは新潟の　ガンセンター の　医者どんに　門前払いを　くわされて　好きできらいな　娑婆《しゃば》へまた　のこのこ　にこにこ逆戻り　こんどはいつまで　娑婆ふさぎ　するんだろうと　それまでは　句集を出して　碑をたてて　あなた任せは　楽じゃけど　ねてて小便するような　はたで見るほど　楽じゃない

「地獄の門で断られ」というのは、ガンで死にそこなったこと。「ガンセンターの　医者どんに　門前払いを　くわされて」というのは、新潟市内の浄土真宗の寺のご住職でガンの専門医に、入院していてもしかたないから自宅療養にしなさいと言われたこと。

そして、人任せで句集を出したり句碑を建てるのは楽だけど、寝ながら尿瓶《しびん》で小便するのは傍《はた》で見るほど楽ではない、と嘆いています。

「いつお迎えが来てもいい」という「ハラのすわり」と「愚痴」を同居させ

ているのです。

鎌倉時代末期、京都に大徳寺を開いた大灯国師《だいとうこくし》は、お釈迦さまの誕生祭（四月八日の花祭り）があるからこそ、つまりブッダがこの世に現れたおかげで、苦悩が多い世の中を風流に生きることができるようになった、ということを言っていますが、このような目で現実の生と死を見つめてみたいものです。

自然としての命

アメリカのロサンゼルスでホスピスを見学したことがあります。ホスピスには、亡くなった患者さんとお別れのミサをするために、また日常的に礼拝するために、あるいは病院付き牧師（チャプレン）に相談するためにも「お御堂《みどう》」があります。

そのお御堂を見たときちょっと驚いたのですが、祭壇のようなものはなくて、山川草木《さんせんそうもく》などの自然物が描かれたステンドグラスがあるだけでした。そして、部屋の隅にマイクロフォンのスタンドのようなものがあり、そこにキリスト教徒なら十字架を、仏教徒なら阿弥陀さまの掛け軸などをかけることができるようにしてあるのです。

そこで、案内してくれた職員に、「なぜ正面のステンドグラスは山川草木などの自然物なのですか」とたずねたところ、「それは設計した人に聞かないとわかりません」という答えで、確かな理由はわかりませんでした。

ロサンゼルスのような多民族社会ではいろいろな宗教があるので、「神さま」を一般化するとなると「自然」になるということではないかな、と推測しました。

死も生も「自然」の命であり、宗教的な概念を外したら「自然」に帰着するのだろうということです。

‡

越後の良寛さんは江戸時代の人ですが、亡くなる直前に和歌を学ぶ弟子の一人から「お形見を……」と求められたとき、

形見《かたみ》とて　何か残さん　春は花　山ほととぎす　秋はもみぢ葉

という歌をあたえたといいます。これは鎌倉時代の道元さんの

春は花　夏ほととぎす　秋は月　冬雪さえて　すずしかりけり

を踏まえているわけですが、この歌はいろいろな解釈ができると思います。しかし、すなおな気持ちでこの歌を味わうと、「大自然こそ私の命とこころである」という感情がわいてくるのではないでしょうか。

さらにその意味を考えようとすれば、「私の命はこの大自然を生きてきたし、そこに帰っていくのです」という感慨でしょう。自己の自然としての命が「老

い、病み、死ぬ」のを従容《しょうよう》と受け入れるという、仏教の知恵をそこに見ることができます。

‡

「金魚のお墓」の重要性、という死生学があります。

幼い子どもが飼っていた金魚が死にました。そのとき、死んだ金魚を、子どもの見ている前でゴミとして捨てると、子どものこころは混乱します。ペットは自己の命と連動するかけがえのないものですから、ゴミとして扱われると、「神聖性」に混乱が生じることになるからです。金魚のお墓を造って、神聖性を大事にして自然の土に還さなければなりません。このことは子どもが人間の死を考える重要なきっかけになるのではないか、ということが死生学の研究の対象になっています。

また、幼児に祖父母などの家族の死をどう説明するか、ということも大切なことです。

ある調査によると、「おばあちゃんは眠っているのよ」（童話的な比喩）、「おばあちゃんは天国へ行ったのよ」（宗教的な比喩）、「おばあちゃんは死んだのよ」（事実を教える）というパターンがあるようです。そして、童話的な比喩や宗教的な比喩で説明すると、子どもにとって「おばあちゃんは行方不明になった」という結果になることが多いようです。

人間の生命は自然であるという事実を、子どものころから教える工夫がもっとなされてもいいような気がします。自然がベースとしてあり、その上で責任をもって自分の命を生かすのが人生なのですから。

〝いま〟を全力で生きる

老紳士から質問されたことがあります。

「私は特攻隊の生き残りです。友人たちがたくさん亡くなりましたので、自分はいつ死んでもいいと思っています。しかし、体調が悪いと医者に行き、薬も飲みます。これは矛盾しているのではないかと思っているのですが、こういうことでいいのでしょうか」と。

「健康に配慮するのは生きている者のつとめです。いつ死んでもいいという覚悟は大事ですが、健康なときも、病んでいるときも、それぞれの〝いま〟を全力で生きることは、生まれてきた縁を誠実に生きることだと思います」と答えました。

二〜三世紀のインドの僧・龍樹《りゅうじゅ》（ナーガールジュナ）が、

ただ病《やまい》を知り、病の因《いん》を知り、疾を癒《いや》す薬を知る。

と言っています。自己の病が、多くの縁で生起していることと、癒す手立てとを学ぶことは、命の縁を生きる者のつとめなのです。

ガンを告知された坐禅会のメンバーが、「坐禅を続けていたら、いつしか救われたいなどと思わなくなっていた」と言いました。自己主張が冷めて、現実に充足するこころがでてきたということでしょう。

やみくもに病気を治すことだけで自分をささえるという視点から目線が変わると、闘病生活でいまやるべきことを果たす、己の役割を果たす、という人間味ある生き方を実現できることもあるわけです。

『金剛般若経《こんごうはんにゃきょう》』という経典に、「こだわることなく、いま、ここで、自分らしく生きなさい」という言葉があります。

こうしなくてはいけないとか、あいつのすすめに従うのはおもしろくないとか、そのようなこだわりをもって意思決定するのは汚れた行為で、「いま、自分がなすべき最大の役割は何か」を見きわめて決断するさわやかさが、道を開き、あなたと周りの人たちを救うのです。

痛みで人はやわらかくなる

ブッダは次のような教えを説いています。

自分の身体は浄《きよ》らか（完全）ではない、と観察すべきです。

感受する対象は意志に逆らう、と自覚すべきです。

こころは変わりやすいことに気づきなさい。

物事は縁の集合であり、不変な実体はありません。

自己は「不浄《ふじょう》・苦《く》・無常《むじょう》・無我《むが》」であって、はかないものですから、いまを精一杯に生きることが大切なのです、という教えです。

「自分の身体は浄らかではない」というブッダの言葉を、道元さんは、「身の不浄を観察することで〝仏の命〟が現れるのだ」と説明しています。

さらに、「苦を感じるときは、全身が苦になる。それは、自分の命という甘く熟れたウリが、ニガウリになってしまうのだ」と解説しています。病気などになると、自分の人生すべてが「苦」になってしまって、ありがたさがまったく見えなくなるから注意しなければならない、ということです。

「病は師である。苦痛によって悟りを得る」という教えがあります。病気になるのも縁ですが、病気から学ぶことができるかどうか、その人しだいということになります。

‡

ある中年の男性患者は、宗教ぎらいでした。大腸ガンの手術後の療養期間に、奥さんが小旅行を企画し、そのコースのなかに知人の仏師の工房を加えました。奥さんは、小さな仏像が気に入って譲ってもらいました。その後、男性は復職しましたが、ガンが再発し、ふたたび入院を余儀なくされます。

今度は痛みが強く、ペインクリニック（鎮痛医療）もうまくいきませんでした。眠れない日が三日も続きました。

奥さんが、あの仏像を家から持ってきて、「これで祈ってもいいかしら」と夫に断り、その夜はベッド脇に座って一晩中仏像を夫の患部にあて、その上に手をのせて朝まで祈り続けました。どういうわけかその夜は痛みが出ず、男性は久しぶりにぐっすり眠れたのです。宗教ぎらいだった男性は、それから痛いと自分で仏像をあててさすっていました。

病によって、人のこころは深くなりやわらかくなるのです。

愛が遠い・近い

「遠くの親戚より近くの他人」ということわざがあります。

昔風の家庭では、母親が病気になると、長男のお嫁さんが中心になって看病をたりします。すると、嫁に出た娘などは、兄嫁の看護のじゃまになってもわるいからと言ったり、忙しがったりして、つい看病から遠のきます。ところが、いよいよ重篤になると、あわてて飛んできて、「もっといい薬があるんじゃない?」とか「なぜ手術しないの?」などと、過剰な口出しを始めます。それを「遠くの親戚」といいます。

距離が遠いのでも、血が遠いのでもありません。愛が遠いのです。口先だけで愛の不足を埋めようとするのです。

看病しているお嫁さんは患者の気持ちがわかっていて、やるべきことをしていますから、お母さんが望むようにしてあげられるのです。つまり、愛が充足しているのです。

ある伝統ある名家では、実子のお嬢さんたちは他家へ嫁ぎ、夫婦養子が跡を継ぎました。夫婦養子は、老父を看取り、老母を看取りました。

老母の納棺《のうかん》のとき、一番好きだと言っていた古い地味な着物を着せかけました。駆けつけた実の娘さんたちは、「やっぱり他人ね。古い着物を着せたわ」

と言ったのです。「遠くの親戚」の実例です。

‡

一方、こういう方もいます。

竹下昭寿さんは、浄土真宗の門徒で、三十代で胃ガンをわずらいました。自宅での看病でした。同じ門徒であった医師は本人に病名を告知します。

家族は病人を第一に考え、新聞は一番先に、ラジオも昭寿さんの専用にします。しかし、昭寿さんはラジオはいらないと言います。世間の汚い話、俗な話は聞きたくなくなったのです。そして、『歎異抄《たんにしょう》』を読んでほしいと言うようになります。

わずらってから数年で亡くなりましたが、枕の下から見つかったノートに、「母さんたちは、私より先に苦しんでいてくださったのだ」という文章がありました。病む人への痛みのまなざしは、病人が気づくより前に深く共鳴しているのです。愛が近いからです。そしてそれに気づいた病人は、大きな安らぎに守られるはずです。

他者へのおもんぱかりがあるからこそ、責任をもって病を背負っていけるのだと思います。

病気を生きる

患者が葛藤しているとき、周りの人はジッと見守ってくれているのです。その目に癒されて、患者としての自分の役割を果たす力が出てくることがあると思います。

アラビアに「病まざる人は良医たらず」ということわざがありますが、痛みに苦しんだからこそ人の痛みがわかるのです。

ブッダは、悟りへの道を行くか行かないかは教える者の責任ではない、薬を服用するかしないかは医者の責任ではない、と言っています。それは、患者自身の責任だという意味です。

道元さんは、宇治に興聖寺《こうしょうじ》を開いたころ、こんな出来事を語っています。

ある病人が、「お寺にこもって朝夕のお経に会い、法話を聞いて死にたいのでお寺に住まわせてほしい」と言います。道元さんは承諾しましたが、その人は年末になって病状が落ち着いたので、お寺にこもる準備をしないでいたら、年明けに急に悪化して、慌ててお寺に入ります。

それについて、道元さんは言います。

「生命は条件が縁起して成立しています。しかもその条件の調和は、刻々に変化するので、命は仮にいま成り立っているにすぎません。そのためには、大きな目的があれば小さなことは捨てなさい」と。

仏教と病人との関係は古く、日本においても奈良時代に、仏教に深く帰依した光明皇后が施薬院《せやくいん》という病院のような施設をつくって病人の世話をしています。

平安時代末期から、病人がお寺に入り、お経を聞き、仲間が念仏して患者を安らかに送るための看護学が発達します。証空上人《しょうくうしょうにん》（法然上人の高弟の一人）も京都の禅林寺《ぜんりんじ》の住職時代に病人を受け入れていました。道元さんも、そのような先達にならい病人を受け入れていたわけです。祇園精舎《ぎおんしょうじゃ》をブッダに寄付したスダッタ長者の友人コウセさんは医者ぎらいでした。そこで、ブッダはコウセさんに言います。

人間にはお天道様でもどうすることもできない死があります。第一は、努力しても治らない病気です。第二は、治り得るのに当人が努力しないために死ぬことです。第三は、治りっこないと勝手に判断し努力しないで結果的に死ぬ場合です。

命を選ぶことはできませんが、いただいた命を生きるのは自分の責任なのです。

こころの連続感と断絶感

あるお医者さんの報告です。

小さなお子さんのいる若い女性患者が転院してきました。余命が限られている病状でしたが、夫から「妻は神経質なので本当のことは言わないでください」とたのまれます。数日後、その患者が、医師の部屋に来て、「私には幼い子どもがいます。もし、危ない病気なら本当のことを教えてください。残された時間を子どものために使いたいのです」と懸命に訴えました。医師は根負けして本当のことを言ってしまいます。

夕方、勤め帰りに病院に寄った夫に、妻は「子どものために家に帰してほしい」と懇願します。

夫は医者を責めましたが、結局、午前中に治療し、午後はタクシーで家にもどり、学校から帰った子どもにおやつを食べさせたりしていろいろ世話をし、夕刻、帰宅した夫とバトンタッチして、病院にもどります。体力の続く限りそれを続けて、子どもにできるだけたくさんの思い出をつくりました。

病名告知は、限られた時間の中で、患者が優先順位を決断するために重要です。当人にも、家族にもつらいことですが、患者はそれによって人間的に成熟して命を生ききることができるのです。

‡

三十年ほど前の医療系の研究会での話です。

ある大病院の看護婦さんたちのアンケート報告がありました。二百人ほどの看護婦さんたちに、「あなたが看護婦になって初めて患者さんが死体になったとき、どんな感じがしましたか」という質問をした結果の報告です。

半分以上の人は「怖かった」と感じ、四分の一ほどの人は「厳粛な気持ちになった」と答えました。

昨日まで脈をとり、話をし、体に触れたりしていた患者とこころがつながっていた看護婦さんは、怖くなかったのではないでしょうか。自分のおばあちゃんに似ていたとか、おもしろいおじさんだったのよとか、おたがいにこころがつながる思い出があるからです。

ところが、そうしたこころの連続感が成立していない人が遺体になると「怖い」のです。それは他人だから、断絶感が強いのです。

あの世とこの世

「あの世」も連続感と断絶感がキーワードになります。

東日本大震災の後、東北地方の若い医師が新聞に投稿していました。

「私の母は看護師として、患者さんたちを助けようとしていて津波にのまれて死にました。最後まで看護師として責務を果したのです。将来、私が母のもとに行くとき、医師として母に恥ずかしくないように生きなければならないと思っています」というような文章でした。

最近、「津波で亡くなった人の幽霊体験」について、タクシー運転手さんからの聞き取り調査などをまとめた本が出版されて話題になりました。東北のある大学生の卒業論文だそうです。調査の結論は、共感や、痛みを共有している人たちにとって、幽霊は恐怖ではないというものでした。

わたしにも同じような体験があります。

東京・三田の寺に弟子に入ったとき、育ててくれたのは師僧の師僧、つまり老僧でした。その方が亡くなり、葬儀の準備で一カ月ほどは忙しくしていました。

その日は午前二時ごろまで仕事をしていました。寝る前に、墓地の奥でゴミを焼却したことを思い出して、火が消えているか確認するため、バケツに水をくんでその場所に向かいました。お寺に住んでいても夜中の墓地は気持ちがいいものではありません。なぜなら、そこにいるのはみんな他人だからです。ところが、その日は違いました。とてもあたたかい感じがするのです。それは、亡くなった老僧に、幽霊でもいいから会いたかったからです。それで、ふと気づきました。こころの連続感と、恐怖による断絶感の違いが、死者やあの世への感じ方の違いをつくっているのではないか、と。

あの世に尊敬する人がいる、あの世に会いたい人がいるという思いがあったら、あの世が恐怖ではなくなるのです。

浄土真宗の門徒さんのお墓に「倶会一処《くえいっしょ》」と書かれたものがあります。「倶《く》」は共にという意味ですから、「一処《いっしょ》で共に会いましょう」という意味になります。

その一処とは、阿弥陀さまのいらっしゃる極楽浄土であり、亡き父母がいる所です。「そこに私も先に行って、子どもたち、孫たちみんなを待っているからね」という意味です。

あの世は、仏さまと、それから亡き人たちとの待ち合わせ場所ということになりますが、このことについては欧米のターミナルケアの関係者も重視しています。

‡

ブッダがコーサラ国にある祇園精舎《ぎおんしょうじゃ》にいるとき、その国のパセーナディ王が裸足で訪ねてきて、「老母が亡くなったので埋葬してきた」と言います。親の葬儀にあたって跡継ぎが裸足でつとめるというのは、インドの習慣です。現在日本でも、寺の住職が亡くなったときの葬儀で、跡継ぎが裸足でつとめるのはこの習慣からきています。

そこでブッダは、「人の命は無常である」という基本の話をします。その後に続けて、「亡き人に供養するとは、遠き人に餉《かれいい》するがごとし」と語ります。「餉《かれいい》」というのは、乾した飯とか、保存食というような意味です。

「あの世に行って手が届かなくなった人に、なにか安らげるようなものを送りたい。しかし、それはできない。もどかしい」と思い悩む人は少なくありません。

あの世の人に送ることができる安らぎとは、この世のわたしたち家族や親しい人が安らぎを実現して、それをあの世の人に手向けるしか、他に手立てがないのです。

命というタテの縁は、この世に生きているわたしたちがその縁を大切に生きることによって安らぐしかないということになります。

第二章　おかげさまの縁

まず自分が変わる

師僧のお寺で修行していたときのこと、檀家さんにポスターを配りました。「ありがとうと言われるように、言うように」という言葉と、その下に、工事の作業員が一服しているところに少女がお茶を運んでいく絵が描かれていました。絵は、画家の谷内六郎さんによるものです。

半年ほどして、ある老婦人が墓参りに来て、あのポスターをもう一枚ほしいと言います。そして、次のような話をしました。

いただいた、あのポスターを貼っておいたら、よく遊びにくる近所のおばあちゃんがそれを見て、「いい言葉だねー。うちの嫁に見せたい」と言うのであげてしまったんです。

しかし、別にお嫁さんが悪いんじゃないんです。おばあちゃんが少し口うるさいだけなんだと思います。

おばあちゃんは、嫁には「ありがとうが足りない」と思っていたので、そのポスターを家の中の目立つ所に貼ったといいます。そして、お嫁さんに気に入らないところがあると、「見たかな……」とポスターを見るのです。ところがお嫁さんは、そんなポスターなどまったく気にしていません。

そのうちに、おばあちゃんの小言がだんだん減りました。おばあちゃん自身が、「ありがとうと言われるように」しようと思ったからかもしれません。

いまではけっこう仲良く暮らしていますから、あのポスターは、結局おばあちゃんに効いたのですよ。

話を聞いて、なるほどと思いました。おばあちゃんが変わったことで、お嫁さんが変わったのかもしれません。あるいは、お嫁さんが変わったことで、おばあちゃんが変わったのかもしれません。

家族の人間関係は、基本的には親子の命の縁ですが、嫁と義父・義母との関係などは、ヨコの関係の性質が強いともいえます。もちろん、夫婦の関係もそうです。

‡

結婚してもボタンのかけ違いに苦しむ夫婦は多くいます。離婚しか問題解決の道が見つからない夫婦もあります。その結果、夫婦がおたがいに苦悩を背負うだけでなく、子どもがいれば子どもも苦しみます。

友人関係で苦しむ人たちも増えています。

近所の人と挨拶したりする人も少なくなってきていて、人間関係がぎすぎすしてきています。

トラブルや、挫折があると、いじけてしまったり、欲求不満になったりして、悩んでいる人は少なくありません。

命の縁を「タテの縁」とするなら、人間関係、社会的な関係は「ヨコの縁」といえるでしょう。その縁を生きるためには、人との出会い、人とのつながりを大切に思いたいものです。そういう思いが、その人の生き方を輝かせていくのだと思います。

世の中のことがわかる人間になりたい

わたしは静岡県の小さな寺で生まれ育ちました。子どものころは何宗のお寺かなどということは知らず、後になってから、「道元という日本を代表する偉い坊さんの宗派」であると聞きました。つまり曹洞宗の寺です。

中学校卒業後、町の地方新聞の印刷工場で見習い工員として働いていました。活字についたインクを石油で洗うのが主な仕事で、手はいつも真っ黒でした。しかも、一日中、立ちっぱなしでした。

ある日、事務所が騒々しくなって、なにか事件が起こったのだろうかと思っていたら、「今日は新聞の印刷はできないから、若い工員は早く帰っていい」と言われ、帰宅しました。

ところが、翌日、出社するとその日の新聞ができていたのです。

一九五四年三月十四日、第五福竜丸がビキニ環礁で水爆実験の灰をかぶって焼津港に帰ってくるという大事件が起こっていたのです。放射能の危険を報道するそのニュースは、世界中を驚かせるほどのものだったのです。

しかし、そのときのわたしは、水爆のなんたるかを知りませんでした。

「端くれとはいえ、新聞づくりの場にいる者が、新聞に書いてあることがわからない、こんな恥ずかしいことはない。乞食《こつじき》をしてでも世の中のことがわかる人間になりたい」という思いが込み上げてきました。そして、数カ月後、社長の家を訪ね、いきなり「辞めさせてください」と申し出て、退職を許されました。

生家の山寺に帰り、寺を継いで苦労していた兄に「坊さんになりたい」と言いましたら、「坊主はおれ一人でたくさんだ」と断られました。

仏教の教えなどはまったくわかりませんでしたが、それでもなんとなく、「坊さんになったらきっと世の中のことがわかるに違いない」と思っていました。

‡

生家の寺が曹洞宗であったことから、その大本山である福井県の永平寺《えいへいじ》で修行する縁に恵まれました。

さっそく坐禅の修行が始まりました。修行道場は大人数でしたから、仕事はすべて分担でおこなわれます。台所・薪炭係、風呂場係、法要係、会計係など、いろいろに分かれていました。

山頭火《さんとうか》が永平寺で「水音のたえずして御仏《みほとけ》とあり」と詠んだように、山は美しく、清々しい空気につつまれた環境での修行でした。四と九のつく日は休養日で、午後三時から入浴できたので、午後の日射しに輝く緑のなかでの入浴など、印刷工の暮らしとはまったく違ったものでした。

そのような環境で修行に励みながら、最初に指導の老師から言われた「坐禅は菩薩行《ぼさつぎょう》じゃ」という言葉がずっと疑問でした。「こんなすばらしい暮らしをしていて、なにが菩薩行なんだ」と。

菩薩行というのは、悟りに達するために、仏の目線で人々に呼びかけ、その苦しみをつつみ、悲しみを癒そうとすることです。言葉の意味ではなく、老師の真意がわかるまでにはずいぶん時間がかかりました。

学生になってからでしたが、安楽死や生命倫理の問題に出会って、人間の矛盾に答えを求めているうちに、人間の矛盾を共に背負うことこそが菩薩行であるとわかってきたのです。そして、「坐禅は菩薩行じゃ」という言葉が納得できました。坐禅以外の暮らしは本質的なことではなかったのです。

そういう右往左往をとおして、いつしか「人間についての答えを求める仏教」という道を歩くご縁をいただくことになったのです。

人間同士であるということ

インドは、人口が多く、生産力も高かったので、早くから経済格差が生じていました。そのため「分配の倫理」が発達したといわれています。「分配の倫理」を象徴するのが「ダーナ」です。英語では「ドナー」、寄付する人を意味します。中国語に音写して「旦那」、意味は「布施《ふせ》」のことです。「布」は広くという意味で、相手を選ばず、持てる者は困っている人に分かちあたえるという意味です。

ヨーロッパや日本は生産性がほどほどで、勤勉でないと社会や経済が維持できません。それで、中世から近世にかけて勤労の倫理が発達したといわれます。

日本人はとかく、関係のある人に寄付する傾向があります。それは義理人情という関係が基本にあるからでしょう。それに対して、キリスト教圏やインドでは、神への感謝や奉仕として寄付をします。

つまり、関係のある人同士の寄付ということになると、相手と自分の関係に重心がかかるために、貸し借りの関係になってしまいますが、神や仏の恵みへの感謝としての寄付、貧しき者への布施は、せまい人間関係を超えることができます。

そうしたドナーの倫理と、勤労は神への奉仕という近世の倫理との結びつきから、キリスト教圏では経済人が教会の福祉活動などに巨額の寄付をすることはめずらしくないようです。

世間の人々と自分とが、網の目で連鎖しているからこそ、私もささえられ、私もささえなければならないという精神は、縁を大切にするこころの基本であると思います。

‡

日本では、こうした縁を大切にするこころを育てようとした明確な始まりを、聖徳太子の「十七条憲法」にみることができます。

六世紀前半に活躍した中国・梁《りょう》の武帝《ぶてい》が仏教で平和をつくろうとしましたが、太子はそれにならったのです。武帝はインドから中国に渡ってきた菩提達磨《ぼだいだるま》、いわゆる達磨さんに面会しています。

「十七条憲法」は、とくに役人の執務規定に力を入れています。第一条の「和をもって貴《たっと》しとなす」は、役人は協調して仕事をせよということで、仏教教団の徳目である「和」の精神を表しています。そのほか、賄賂をもらってもめごとを裁定してはいけないとか、農繁期に国家事業で農民を使役してはいけないとか、人々の嘆願は同僚と共有しなくてはいけない、などと定められています。

なかでも第十条は、注目されます。

内心の怒りや、顔に表れた怒りを静めて、人と意見が対立しても怒りで対応してはいけません。人にはそれぞれに考え方があり、立場があります。相手が正しいと思っていることを、自分は間違っていると考えることがあるし、自分が正しいと思うことを相手は間違っていると考えることもあります。

人間同士ですから、だれが正しくてだれが間違っていると決めることはできないのです。それはあたかも「端のない輪」のように連鎖しているのです。だから、相手が怒っても自分のいたらなさのせいではないかと思うことです。自分が正しいと思っても、多くの人の意見を聞いてから行動するようにしたいものです。

これはおよそ千四百年前の取り決めですが、ヨコの縁をどう考えるか、人間関係をどう生きるか、ということに対する答えがあると思います。

おたがいに、賢いところもあり、愚かなところもある人間同士であるということです。

すべては縁の集まり

ブッダは、苦について「四苦八苦《しくはっく》」ということを説いています。

四苦は「生《しょう》・老《ろう》・病《びょう》・死《し》」の苦で、人間は生まれて死ぬ有限の存在であるという苦しみを生きているということです。いわば、命の縁です。

八苦とは、前の四苦に、「愛する者と別れる苦」、「いやな人と一緒にいなければならない苦」、「欲しいものを得られない苦」、「肉体と精神が盛んなための苦」の四つの苦を加えたものです。それで「四苦八苦」といいます。

後の「四苦」は、ヨコの縁に重点がかかっているといえます。

‡

ある通信教育講座で、女性の受講者から『般若心経《はんにゃしんぎょう》』について質問されました。

私の夫は、友人が商売を始めるときの連帯保証人になりました。ところが、事業に失敗して友人は夜逃げをしてしまいました。それで夫は、出資者に資金を返さなければなりません。他の二人の連帯保証人はサラリーマンで資産はありませんでした。

夫は、自分の財産を吐きだして出資者に返済するのは保証のルールだから、できる範囲のことはしなければならない、と言います。しかし、その財産は私たち夫婦が額に汗して築いたものです。

私はどうしても納得できません。『般若心経』では、そのようなときでも「空《くう》」になれというのでしょうか。

そこで、わたしは次のような回答を書きました。

あなたのご主人は、すばらしい方ですね。商売は、多くの縁のささえ合いです。『般若心経』の基本の教えは、「物事はすべて条件のささえ合いで成立している」という真理です。ですから、商売・人間関係・好き嫌いなどもすべてが縁の集まりで成り立っているということになります。

したがって、その条件の変化によって物事は変化します。儲けるのも、損失するのも、会社が栄えるのも、衰退するのも、すべて縁です。すべて同じ状態ではあり続けられません。その変化しているただなかで、商売も成り立っています。

あなた方の財産も、原料生産者や、流通業者や、従業員や、顧客などとのご縁の積み重ねでできたものと思います。あなたのご主人は、そうした社会の仕組みという恵みがわかっておられるから、責任を果たそうとしているわけでしょう。

そして、そのこころの姿勢こそ「縁《えん》」「空《くう》」の態度だと思います。ご主人こそ空の実践者だと思います。

商売も家族もささえ合う関係があるから成り立っています。それがヨコの縁です。縁を無視するのではなく、縁を大切に生きようというこころがあれば、生き方はおのずと決まってくるのではないでしょうか。

いやな縁にも覚めたこころで対処

ブッダは、「いやな人と一緒にいなければならない苦」を、八苦《はっく》の一つにあげています。その苦しみをどのように解消したらいいでしょうか。

鎌倉時代に浄土宗を開いた法然上人《ほうねんしょうにん》の言葉に一つのヒントがあります。この場合は、「いやな人」とは限らず、耐えがたい環境にいるという苦から解放されるという話です。

念仏が禁じられた結果、念仏をとなえれば極楽浄土に往生できることを説いた法然上人は四国に流されることになります。船がある港に入ると、「尊い上人《しょうにん》がおいでになる」といううわさを聞いた一人の女性が小舟で近づいてきて、上人に質問します。「私は、悲しい縁で苦界《くがい》に落ちています。苦界から出て、念仏して救われたいのですが、阿弥陀さまは、このような女でもお救いくださるでしょうか」と。

上人は、「阿弥陀さまは、悩んでいる人を決して見捨てることはありません。苦界から出られるなら出る努力をして念仏をとなえなさい。出られないなら、苦界にいて念仏をとなえなさい」と諭します。

その現実を変える努力をして、それでもだめなら、その現実のど真ん中で、仏に見守られて「ありがとう」と言えるようにしなさい、ということになります。

人間関係のいやな縁に苦しむことはままあると思います。そうした縁にめぐりあっても、それに振り回されない覚めたこころを維持できるようにしていきたいものです。

‡

ブッダが弟子たちと村の道を歩いていると、ある農夫が、「オーイ、そこに行くのは、ゴータマさんじゃないか」と声をかけました。ゴータマはブッダの姓です。

そして、「おれたちは、こうして汗を流して畑を耕しているんだ。お前さんたちは、働かないで人からもらって生きているだけではないか」などと、散々悪口をぶつけます。

そのうち農夫が言い疲れて黙ったとき、ブッダは、「あなたの言いたいことはそれだけですか？」と聞きます。農夫が「そうだ」と言うと、ブッダは「それでは、さようなら」と歩きはじめます。

同行していた弟子たちは、ハラの虫がおさまりません。そこで、「なぜ、言いたいように言わせておいて、黙って通り過ぎるのですか」と質問します。

するとブッダは、「お前たちは、人が毒蛇《どくじゃ》を持ってきたら受け取りますか」

と聞きます。

「いいえ、受け取りません」と答えると、「もし、受け取らなかったら、その蛇はだれのものになりますか」と問います。弟子たちは、「それは持ってきた人が持ち帰ります」と言います。

「そうだ。私はいま、人への悪口という蛇を受け取らなかった。その蛇はあの人が持ち帰ったのだよ」と、ブッダは諭しました。

人の悪口を受け取らなければ、「悪口を言う」という罪は、持ってきた人自身のものになります。覚めた立場に立っていればわかることです。

遺産相続や離婚などで争っているとき、相手の怒りに触発されて、こちらの怒りが増幅されてしまうことがあります。そのようなとき、自分のこころを調整する力は、縁でつながっているみんながよかったと思えるようになるにはどうしたらよいか、と考えてみることではないでしょうか。おたがいがささえられてきたことや、親族や子どもの将来のことをおもんぱかって、自分のメンツを少し捨てることができれば、相手の怒りに振り回されずにすむだろうと思います。

おたがいに縁を生きているのですから、そういう「大きく広い視点」の座標軸をもちたいものです。

友人同士の縁

青年商人シンガーラ君は毎朝、王舎城《おうしゃじょう》の北門から出て小川で身を清めてから、「東・南・西・北・下・上」の六方を礼拝していました。

ブッダは、北門の外にある竹林精舎《ちくりんしょうじゃ》に住んでおり、毎朝北門から市内に入り托鉢をしていたので、シンガーラ青年を見ていたのです。それで、ある朝、「なぜそのようなことをしているのですか」と話しかけました。

「これは父親の遺言です。父は、これで商売がうまくいったので続けるようにと言いました。しかし、そのわけはよくわかりません」と、シンガーラ青年は答えます。

ブッダは、「それなら話してあげよう。東を拝むのは親子が拝み合うこと、南は先生と弟子、西は夫婦、北は友人同士が拝み合い、下は上司と部下が、上は宗教者と信者が拝み合うことです」と語ります。

「北は友人同士が拝み合い」というところで、「友人には四種類あります。助ける友、苦楽を共にする友、ためになることを言う友、慈しみある友です」と教えます。

そして「落ち込んだ友を守ること、友人に財産を守るよう助言すること、不安なときに友のたよりとなること、災難のときに友を見捨てないこと、友の子孫をかわいがること」の五つを実行すれば「北方」は守られる、と教えます。

シンガーラ青年の父親は商人でしたから、いつも不安や危険をかかえていました。それで、いろいろな方角からの災難を払い、よい縁が集まることを祈っていたのでしょう。

それに対して、ブッダは、いろいろな人間関係、とくに友だちとの関係をよくすることで、縁が守られることを教えたのです。

ブッダは、商人は信用が財産ですから、すべての方角を人間関係の信頼性で説明したのだろうと思います。そして、それにはまず「信頼に足る友人関係」を築くことの大切さを気づかせているのではないでしょうか。

人の悪を大きなこころで包む

七里恒順《しちりこうじゅん》さんは、博多の万行寺《まんぎょうじ》の住職でした。浄土真宗のお寺です。

ある夜、就寝前のお念仏をとなえているとき、首筋がひやりとしました。振り返ると、男が出刃包丁を突きつけて、「カネ、カネ……」と言います。それで、「隣の部屋にタンスがある。上から二番目の引き出しに、檀家さんが阿弥陀さまに供えたお布施がある」と教えます。

泥棒がそれをワシづかみにして出て行こうとすると、七里さんは、「待てっ。

それは檀家さんが阿弥陀さまに供えたものだ。人のものをもらって礼も言わんのかい！」と一喝します。泥棒は、クルッと向きを変えるとペコリとお辞儀をしてから逃げていったそうです。

数カ月後、九州一円を荒らしていた泥棒がつかまります。巡査が万行寺にやってきて、「泥棒をつかまえたところ、こちらのお寺からも金を盗んだと言っているが、泥棒に入られたことはありませんか」と質問します。

七里さんは「いいえ、うちは泥棒に入られたことはありません」と答えましたが、巡査は「いえ、泥棒がお宅のお寺からもとったと言っているのですから、ちゃんと盗難届を出してもらわないと困ります」と言います。

七里さんは、「泥棒に入られたことはありませんが、そういえば、お金に困った人が来たことがありましたので、お金をあげました。その証拠に、その人はお礼を言って行きました」と主張しました。これには警察もお手上げで、この一件だけは立件できなかったそうです。

それから数年後、刑務所から出た泥棒は、刑事から聞かされていた七里さんのことを思い出して、万行寺にフラッとやってきます。

七里さんは、「あー、あんた、あのときのお人か。丁度よかった。ウチで働かないか。いま会計係がいなくて困っているんだ」と言います。

これには檀家総代が怒りました。「九州一円を荒らした大泥棒をウチの寺の会計係にするとはとんでもない」と。する七里さんは、「住職が保証人になると言っているのに、檀家が反対するとは何事か」と言います。やむを得ず、総代は黙りました。

会計係といっても、夕方一時間もあればすむことです。ほとんどの用は、墓掃除や、お参りの人のために水をくんだりすることなどです。

夕方、その日の賽銭などをあずけられます。お金に対してこころが弱いので、気持ちが揺れ動きます。「お上人《しょうにん》さまは自分を信じてくれた」という思いと、弱いこころとの戦いです。

結局、もと泥棒の会計簿には一円も間違いなく、お寺で生涯を終えたそうです。つまり、欲望に弱いこころに勝ったのです。

万引きや、盗癖などは、なにかの誘惑などに負ける弱いこころの甘えであるといわれます。それを直すのは、容易ではありません。弱いこころから立ち直るには、その弱さを圧倒する大きなこころとの出会いが必要ではないでしょうか。万行寺に入った泥棒は、なにかの縁を感じていたのかもしれません。

学ぶことと教えること

東京の寺に弟子に入りましたが、師僧は火事で焼失した地方のお寺の復興を引き受けて東京にいませんでした。そのため、わたしを育ててくれたのは師僧の師僧、一般の家庭でたとえれば祖父に当たる老僧でした。

夏の暑い日の夕刻に、書斎の廊下をふき掃除していました。すると障子の向こうから「オイッ」と呼ばれます。「ハイッ」と障子を開けたとたんに、「立ったまま人にものを言うやつがあるかッ」と一喝されました。汗して働いていて、そのリズムの延長上で立ったまま障子を開けたのですが、小僧が老僧に立ったまま ものを言うのは確かに礼を失しています。

しかし、気づいたときは手遅れです。言いわけはできません。そのような間違いをして一喝されたことが、ずいぶんありました。

老僧は「瞬間湯沸かし器」といわれるほど、気短かな人でした。昔はそのような人がいまよりずっと多かったように思います。学生のとき、もと軍の教官だった講師に教わったことがありますが、この方も、間違いに対して瞬時に注意するので言いわけができませんでした。そのような指導者はいつも緊張していて、正邪を即断します。そういう人でなければ軍の教官は務まらなかっただろうと思います。

老僧の代理でお説教に行ったことがありました。帰って老僧に、会場寺院のご住職からいただいた「お車代」を差し出しました。

老僧はそれを机の上に置きました。「アレッ」と思った瞬間、「車代がもらえなくて不服に思ったな。ご住職は、ありがたいご法話でございましたとおっしゃったに違いないが、それは単なる礼儀だ。それでほめられたと思ったら大間違いだ。戦前、この寺で『正法眼蔵』の講座を担当してくださったK老師は、〝ほめられたら悪魔が来たと思え〟と教えてくださった。だから、ほめられたと思っているような初心者にこの車代をそっくり渡すことはできない」と一喝されました。

「ほめられたら悪魔が来たと思え」。この言葉は、わたしの生涯の教訓になりました。

考えてみると、ほめられたり、ほめたりするという場面はいろいろありますが、ほめられていい気になってしまってはいけないときもあるはずです。人はそのようなことからも人生を学ぶことができるような気がします。

‡

「東ですばらしい言葉を聞いたら、西に行って人のために語りなさい。それは、聞く（学ぶ）私と、話す（教える）私とが同時にはたらいているのです。

それはまた、学び教えることによって、真実を確かめ育てる修行をしていることであり、同時にそれは答えを実証しているのです。」

これは、道元さんの言葉です。学び教えることと、真実なるものを探すこととは、表裏の関係にあるということです。

さらに道元さんは、「いまという時間、ここという場、人間関係のなかの自分」という三つの条件を基本とし、そこでふさわしい生き方をすることをすめています。

これは、「いま・ここで・自分」にふさわしい生き方をしなさいということですが、その人なりの人生を輝かせるための大きなヒントになると思います。

自分のこころにこだわらずに生きる

人間関係で道が開ける人もありますが、人間関係で道を誤る人もいます。

道元さんは、こうした社会生活についていろいろ語っています。「ニコニコしながら近づいてくる人がいるが、そういう人に迎合してはいけません」というのもその一つです。

もちろん仕事のためには、関わりを広げ、きずなを結ぶことは大切です。しかし、迎合してしまうと、それを利用されることもあります。自分の生き方、信念、立ち位置を忘れずに人とつきあいなさいというわけです。

そして、「自分のこころにこだわりがないと、相手の言葉に、やわらかく対応していけます。変なこだわりがあると、人の助言に耳を貸さなくなってしまいます」とも言っています。こだわると、思考・こころが狭くなり、自己主張に固まりやすくなることを注意しているのです。

ブッダは人との関わり方について「方便《ほうべん》」という知恵を説いています。「苦悩しているいろいろな人々のあり方に応じて、導き、気づきを促す手立ては知恵である」ということですが、その手立てが「方便」ということです。

人間関係において自分の座標軸を見失うことなく、人には逆らいもせず、迎合もせずつきあっていくこころのゆとりが、自分自身を救うわけです。

‡

自己の狭い考えや失敗に気づくためにはどうしたらいいでしょうか。道元さんは、「本物の人の目に照らして見る」ことをすすめています。そうした本物の人に親しんでいないと、自分の視点が本物にはなりません。したがって、本物に親しみなさいというわけです。

道元さんはそのことを、「霧の中を行けば、覚えざるに衣しめる」という古人の言葉を引き、「よき人に近づけば、知らぬ間によき人になる」と言っています。

比叡山は霧が深い山です。一日回峰行《いちにちかいほうぎょう》で、夜が明けきらず月もない時間帯に歩いたことがありますが、真っ暗な谷で霧が動いていくのが見えます。

道元さんは、十三歳のとき比叡山で出家します。東に琵琶湖、西に山々が連なり、南には京都盆地が広がっている比叡山を、そこで修行しているお坊さんたちは、昔から「論《ろん》・湿《しつ》・寒《かん》・貧《ぴん》」と言っていました。教えについての議論を重視し、湿気が多く、寒くて、貧乏である、という意味です。

わたしが初めて比叡山に登ったのは、十八歳のときでした。先輩と行脚して祖師たちの遺跡を巡拝したのです。その後、研修会で何遍もお世話になりましたが、そうした体験から、「霧の中を行けば、覚えざるに衣しめる」は、比叡山の生活から得た道元さんの実感ではないかと思っています。

そして、その山の空気と霧は、道元さんだけでなく、伝教大師をはじめ、栄西さん、法然さん、親鸞さん、日蓮さんなど、多くの祖師たちが、身体で知っていたと思います。

人生に決着がつくということ

わたしは東京のお寺の坐禅会に毎月通って四十年になります。念仏のお寺ですが、先代のご住職が、念仏の根源は「自己を静めること」だと考え、地域の人たちに「禅と仏教の講話」を提供したいというので、友人を介して依頼されたのです。

　そのあたりはかつて町工場が多く、ステテコ姿で、通りに座り込んで煙草を吸っているおじさんたちを見かけることがありました。四、五年前の五月末の暑い日、お寺に向かう途中、交差点で信号待ちをしていました。角のコンビニから出てきたステテコにランニングシャツの初老のおじさんが、信号が変わるとすうっと近づいてきて、「坊さん」と呼びかけてきました。

　わたしは宗派の研究所に入ったころから、特別な事情がないかぎり、外出するときは僧衣《そうい》を着ていました。そのほうが自分の生き方にふさわしいと考えていたからです。

「なんですか」と返事をしたわたしに、「坊さんやってて、なにかいいことあるんですか？」と歩きながら聞いてきました。

　突然の質問でちょっと躊躇していると、「お酒は、煙草は、競輪競馬は……」

と矢つぎ早に聞いてきました。「お酒は少々、煙草は十七歳で卒業しました。賭け事は坊さんはやってはいけないことになっています」と言うと、さらに「奥さんは……」と畳みかけてきますから、「家内は亡くなりました」と答えました。そうしたら、「坊さんやってて、なにかおもしろいことあるの？」と重ねてたずねてきます。

とっさのことでしたので、ひと呼吸おいてから、「坊さんにさせてもらったおかげで、仏さんの教えがわかり、人生というものがわかり、感謝しているんです。第一、わたし自身が救われたのです」という言葉が出てきました。

「はー、救われたんだ。……救われるってどういうこと？」と質問が続いて、瞬間、思考停止しました。

そして、答えたのです。「救われるということは、人生に決着がつくということではないかと思います」と。

するとおじさんは、「はー、人生に決着がつくんだー。ありがとう！」と言うなり行ってしまいました。

「そう。救われるということは、人生に決着がつくということ。」

おじさんの質問のおかげで、わたしは自分の内心を確かめさせられ、自分の人生に決着がついたと思っています。

‡

ブッダは言っています。

「つとめ励むのは不死の境地である。怠りなまけるのは死の境涯である。つとめ励む人々は死ぬことがない」と。

「死ぬことがない」とはどういうことでしょうか。

「死ぬ」とは、「私が否定され、意味を失うこと」であろうと思います。それに対して「つとめ励む」とは、生きている意味が満たされて、人として輝いていることではないでしょうか。「生きている意味がある」ということは、「人のお役に立つこと」で満たされていることです。

「人生に決着がつく」という言葉になったのは、自分の人生の意味に感謝できた、それゆえに不完全なわたしなりに「よかった。ありがとう」が言えるという形で決着がついたのだろうと、いまでは得心しています。

ヨコの縁という社会的な関係の縁を喜べるかどうか、ある意味でそれは人生の結論になると思います。自分の人生に「ありがとう」と言えれば、「死を超えられる」のではないでしょうか。

自分の人生を模索して右往左往してきたわけですが、それが反転して、人のために仏の道を語るという役をいただいたことが、わたし自身を救ってくれているという思いです。つまり、ヨコの縁のおかげで、命というタテの縁を輝かせることができたということです。

煩悩は人間関係でおこる

自己が自己としてはたらくのは人との関係においてです。人との関係において自己を意識し、自己を確かめているのですから当然といえます。自己の煩悩《ぼんのう》も人間関係ではたらきだすことになります。

仏教では、基本の煩悩は三つあるとして、「三毒《さんどく》」といっています。

一つは、むさぼる欲望です。

二つ目は怒ること。

三つ目は無知で、これは清らかな真理（仏の教え）を知らないことです。

これらのほか、小さな煩悩についてもいろいろ説かれていますが、とくに思い上がりの煩悩はいけないとされています。

ともすると、わたしたちは何ごとにつけ、「自分のほうが上だ」という感情にとらわれることがあります。はっきりした根拠があるわけではないのに、能力や人間としての品格が他人よりすぐれていると思いこんでいるのです。

煩悩は、自己の内心の癖であるとも考えられます。「汚れた内心」です。このことに気づくことは、縁を生きているおたがいにとって重要なことです。

こうした内心があることに気づくと、自ずと恥じらいのこころがはたらきだします。そして恥のこころが当人の内心で深く内省されていくと、自己の本心がよみがえってくると思います。それは、本当の知恵につながります。

浄土真宗の門徒で、東大阪市で雑貨屋をしていた榎本さんは煩悩について次のような詩を書いています。

いのち終わるまで　いっしょにくらし
いずれ　別れる煩悩なれば
今はだいじに見守ります

煩悩は、無自覚にはたらきだす愚かなこころです。そして、大なり小なり煩悩をもっているのが人間ですが、そのことに気づくかどうかで生き方が違ってきます。その気づく力を知恵というのです。

こころの善と悪

人は、友人関係や、仕事や、グループ活動で、仲間と歯車が合わなくなると感覚的に閉塞状態におちいり、好き嫌いの感情に引きずられていくことがあります。自分が認められないと相手を憎むことさえあります。そして、そのこころのねじれが高じるとトラブルに発展するわけです。このことは、他者によって自分が成り立っていることを気づかせてくれます。

ブッダは、「鉄から出た錆が、鉄自身を損なうように、過ちを犯したら、己れのおこないが己れを悪しき世界へ導く」と言っています。

人の欠点や失敗、わるいうわさは「蜜のように甘い」といいますが、そのようなことを雑談の種にしたことはないでしょうか。自分自身がそういう無節操な情緒に引きずられていくことがあるわけです。

こころの善と悪は、日常の生活のささやかな場面でつねに生じます。基本的には人間関係の問題で、悪だからといって反社会的な行動とはかぎりません。しかし、他人の物を盗むことは犯罪です。これは自・他のけじめがゆるんだ、悪いこころから起こります。

物に対して、自分の物、人の物という所有の概念は二〜三歳ごろから発生するといわれます。他人のおもちゃにすぐ手を出していた乳児が、このころから手を出すのを躊躇するようになるのは、所有の概念、自他の概念が出てくるからだそうです。

欲望が強まり、自分を抑えられないで他者の物に手を出す人は、自・他の境界意識があいまいな人というわけです。

ブッダは、自制心を育てるためには、「まだ生じていない悪を生じさせないようにすること」、「すでに生じてしまった悪はなくすようにすること」、「まだ生じていない善を生じるようにすること」、「すでに生じた善をさらに育てるようにすること」の四つの修行をするよう説いています。

おたがいの人間関係を清らかなものにするために、まず自分の善悪のこころに気づき、善のこころを育てるようにしたいものです。

‡

江戸時代初期の臨済宗の盤珪禅師《ばんけいぜんじ》はわかりやすく説法したそうで、多くの人がそれを聞き、記録しています。

当時は仏教の勉強をする機会はあまりありませんでした。修行僧にとっては、大寺での安居《あんご》の修行に参加することは仏教を学ぶための大事な機会でした。安居というのは、夏や冬の一定期間、修行僧たちが一箇所に集まって修行することです。

盤珪禅師の寺で、その安居がおこなわれることになりました。

それで、ある修行僧が参加したいと申し込んできます。ところが、申し込んできた僧のことをよく知っていた僧が、指導僧に告げ口をします。

「あの僧には盗みぐせがあります。そのことは自分だけでなく、何人かの僧も知っています。修行中に盗みが起きると修行の妨げになりますから、あの僧は参加させないようにしてください」と。

指導僧はそのことを盤珪禅師に伝え、善処してくださるようお願いします。

禅師はその訴え聞いて、激しく怒り、次のように言います。

「なんのために安居《あんご》をするのか。悪人は悪を改め、善人は善にいそしむために安居するのではないか。それなのに、悪人だから参加させないなどというのは、自分の志に背くことだ」と。

この禅師の言葉を聞いた修行僧たちは、禅師の慈悲心に感服したそうです。

なかでも盗癖のあるとされた僧は、禅師のその大きな慈悲心を知り、大泣きして悔い改め、その後、偉い坊さんになったそうです。

仏の教えに照らされたら自分の愚かな心が見えてくるはずだ、と禅師は考えていたのだと思います。

いかにして人生を熟成させるか

人間関係の基本は相手を大事にするこころです。そのこころは、相手が大切だという思いや相手に感謝する気持ちがあるから、あるいは相手の痛みがわかるからはたらくのです。

自己と物事との関係性でそのこころを説明したのが、道元さんの「喜心《きしん》・老心《ろうしん》・大心《だいしん》」という「三つのこころ」です。

これは、禅の台所で、食材、調理器具、食器類などを扱うときの心得です。

喜心《きしん》は、食材に対する喜びと、悟ろうとしている僧たちに供養する喜びです。いくら粗末な食材でも不服を言うことはありません。

老心《ろうしん》は、食材や調理道具、そして食べる人への思いやりのこころです。

大心《だいしん》は、食材のよしあしに気を取られないで、感謝という広いこころで調理することです。

食材や調理道具に対する心得とは、ありがたいと思うこと、ていねいに扱うこと、そしてその物の味を生かすことです。現在のキッチンは昔と違ってずいぶん便利になっていますが、この精神から学ぶべきことは多いのではないでしょうか。

道具の扱いについては、「高所《こうしょ》は高平《こうへい》に、低所《ていしょ》は低平《ていへい》に」と言っています。匙《さじ》や柄杓《ひしゃく》などは汚れないように高い所にしまい、雑巾などは、他のものを汚さないように低いところに置きなさいという意味です。つまり、「役割が違えば、居場所も違う」ことが道具のはたらきを生かす、というわけです。

‡

禅は「悟り」ですが、つまるところ「生き方学」でもあります。現実の「いま・ここで・自分」が、人間として生きる意味を輝かせる道です。台所においても、食事においても、自分の生き方、自分の縁を輝かせるための道を追求しています。あらゆる場面が人間について学ぶ場になるわけです。

道元さんは、その一つとして、「釣り」について語っています。

「中国の賢人・聖人たちのなかには水の近くに住んでいた人も多く、魚を釣ったり、人も釣りの世界に釣られたり、道を釣ったりしているが、それは風流を楽しんでいるのです」と。

道元さんの中国での修行の拠点は浙江省《せっこうしょう》で、ここには小さな川が多く、釣りは身近だったと思われます。

風流な生き方は、昔からある禅の生き方の一つですが、さらに一歩すすめて、静寂な世界に「自己を釣る」ということもあります。釣りそのものになりきり、自己を忘れていくのです。そういう静寂の世界に引きずられて静寂を楽しむ道も味わい深いというわけです。

‡

厳しい現実を生きるわたしたちが、おたがいに生きる意味を熟成させることこそ、人生そのものの修行であるということになると思います。
越後の良寛さんは、

人の子の　遊ぶをみれば　にわたずみ　ながるる涙　とどめかねつも

と詠んでいます。幼い子どもを亡くした若い母親が、同じ年くらいの子どもが遊んでいるのを見て涙するようすに共感しているのです。「にわたずみ」は、「庭の水溜まり」で「流れる」にかかる言葉ですから、「よその子どもが遊ぶようすを見て亡き子を思い出して涙をとめられない」と、若い母親の気持ちを思いやる歌です。

痛みへの共感が、人を、そして人生を熟成させるのだと思います。

第三章　こころの縁

こころが輝く生き方を

ブッダの瞑想のもとになったのは、紀元前二五〇〇年ごろのインダス文明で始まったヨーガです。ブッダは悟りを求めて、最初、先輩の行者たちがおこなっていた苦行《くぎょう》を学びます。しかし、それは精神の解放にはならないと気づき、苦行を捨てて、ヨーガで悟りを開き、最終的に「安らぎ」の実現にいたるわけです。

ブッダは、そうしたヨーガの伝統を学んだ先生方の名前を語っています。現在一般にいわれるヨーガは十三世紀ごろに始まるハタ・ヨーガですが、それ以前は神に合一するための古典ヨーガです。

ブッダ入滅後四百年ほどした西暦紀元前後に、ブッダの教えは「こころの学問」として整理されていきます。

さらに四世紀から五世紀ころになると、ヨーガの実践で「寂静《じゃくじょう》になる」ことを根幹にすえた「禅」という道を確立する人たちが現れます。そのなかの一人が菩提達磨《ぼだいだるま》（達磨さん）で、師の指示をうけて禅を中国に伝えたのが五〜六世紀ころです。

中国に仏教が伝わったころ、仏教は人間の煩悩と悟りを解明するという哲学理論のようなものでした。その理論に基づき、人間として「悟り」や「仏のこころに一致する」ための実践論もありましたが、非常に煩雑でした。

それに対して、当人が悟りに「なる」、つまり生きているそれぞれの場で「空《くう》・無心《むしん》になる」という道を確立していくのが禅だったわけです。

禅・瞑想という実践は、「あなたがそれになる」ことがなければその人自身が救われることはないというのが基本ですから、ほとんどの宗教の根底にあるものです。

こうして達磨さんから六代目あたりになると、実践仏教である禅は生活禅・生き方禅にまでこなれてきます。

「生き方としての禅」という視点からみると、「禅問答」や「禅僧の言葉」はたくさん書かれています。

‡

唐の百丈《ひゃくじょう》懐海《えかい》という禅僧の「一日なさざれば一日食らわず」という言葉は、一日仏や人々にご奉仕できなかったら、天地の恵みとしての食事をいただくことはできない、という意味です。「働かざるもの食うべからず」というような経済的な価値の交換としての意味ではありません。

その懐海さんは「これを車《くるま》となして因果《いんが》を運載《うんさい》す」と言っています。「これ」とは、「存在は縁起によって成り立っている」という真理です。その真理を車として、その上に「因果（現実）」を荷物としてのせて、その車をその人なりに生きていく、という言葉です。

一見むずかしい言葉のようですが、「存在の真理を土台として、その上でその人なりの生き方をする」、つまり「現実に生きているいまの自分が、よかった言える生き方をする」ということになります。その生き方こそ、禅的な生き方といえるでしょう。

なにも「禅」といわなくてもよいかもしれません。その人のこころが輝いているような生き方ができれば十分であるということです。

掃除とマインドフルネス

生活禅・生き方禅は、二十世紀に入ってからさらに発展します。とくに一九五〇年代になると、鈴木俊隆老師など日本の禅僧がアメリカで坐禅の指導をしたことによって、禅の瞑想法が普及します。

そして、この禅の瞑想法を学んだマサチューセッツ大学のジョン・カバット・ジン教授が「マインドフルネス瞑想」を提唱したことによって、禅は「マインドフルネス」として注目されるようになりました。

マインドフルネスという言葉は、もともと「気をつかうこと」とか「意識すること」などという意味ですが、いまは「マインドフルネス認知療法」の意味でつかわれることが多くなっていますし、日本でも日本マインドフルネス学会が心身の健康に役立ついろいろな活動をしています。

‡

ある研究者が「学校でのお掃除」について調査した報告が記憶に残っています。だいぶ以前のことになりますが、世界の学校を調査した結果に興味をひかれました。

それによると、子どもたちが教室を掃除するのは儒教文化圏の国が主であって、ヨーロッパ系の学校にはそういう伝統がないということでした。日本では子どもが学校で掃除をすることは、身のまわりをきれいにする「しつけ」のようなものでしょう。

その掃除について、認知療法や日本マインドフルネス学会に関わっている精神科の先生が、月刊の会報に「掃除の五徳」を述べていました。

簡単に紹介しますと、掃除をすると、「自分のこころが気持ちよくなる」、「部屋がきれいになる」、「抗ストレスホルモンが分泌される」、「周囲の人を喜ばせる」、「満ち足りた感じになり、マインドフルネスの効果を得られる」の五つの効果があるというものです。

たしかに、掃除をするときは精神が集中します。そのため、禅の重要な修行の一つにもなっています。

掃除はこころと身体でおこないます。一生懸命掃除すれば、他のことに意識が散乱せず、集中できます。その結果、終わってみればさわやかになります。掃除をすることによって、「いま・ここで・自分が・集中する」というマインドフルネス効果が期待できるというわけです。

外界の雑事と、それに連動する自己の雑念を超え、集中する力が回復することは確かだと思います。

集中するということは、身心が静寂で純粋になっていないと実現できません。坐禅などの瞑想で実現しようとしても、気持ちが散乱しやすい人、目的がしっかりみえていない人、落ち着きになじんでいない人にはむずかしいかもしれません。

マインドフルネス認知療法の原点になった坐禅・瞑想の基本は腹式呼吸です。精神的に不安定な人にいきなりマインドフルネス認知療法を援用しようとしても、すぐにはなじめないと考えられます。

それに対して、掃除などのプログラムを組み合わせると、「いま・ここ・自分」に集中していけるかもしれません。

‡

ある大学の経済学部の学生に「禅」について講義する講座を担当したことがあります。その中で、「坐禅」を体験してもらう時間があります。その実習の翌週に感想文を書いてもらいました。

ある男子学生の感想文です。

「緊張してなかなかうまく座れませんでした。先生が、後ろから腰骨を押して姿勢を直し、肩の力を抜くように指導してくれました。それから楽に座れて時間の経つのを忘れるほどでした。授業が終わってみて、その日一日、人の言葉がとてもよく聞こえたのです。」

「人の言葉がとてもよく聞こえた」ということは、頭の芯からさわやかになっていたということでしょう。これこそ、いまの自分に集中できているということです。

向こうから見えてくる

わたしたちは、「いま・ここ」でどのような生き方をしているかを問われていると思います。それは、タテの命の縁と、ヨコの社会的縁とがクロスするところで、自分の「こころの縁」をどう生きるかということです。

十年ほど前、家内が地下鉄の駅で急性心筋梗塞で倒れて急死したとき、わたしはただうろたえました。

翌々日、所管の警察署で監察医の巡回を待つまでの間、女性刑事さんと話をしました。

「昨日から、家内に〝なぜ死んだんだ〟と問いかけていたのですが、〝なぜだろう?〟といちばん思っているのは家内自身だということに気がついたのです。なぜ死んだと問うことは家内を責めることになる、と気がついたのです。だからそう問うことはやめようと思いました」と、わたしは言いました。

刑事さんは、「刑事になるときに、私たちは解剖学も学びますが、担当教授の言葉を思い出します。遺体を前にしていると、〝なぜだ〟という思いが強まって勝手に死因を推測し、真実を見失うことがありますから、ご遺体からなにか見えてくるまで待ちなさい、と。だから、奥さんに〝なぜ死んだんだ〟と問いかけるのをやめるのはいいことだと思います」という答えを返してくれました。

生き死ににについてわたしなりに考えてもきましたが、このとき大きなことを学ばせていただきました。

突然の別れに接して混乱すると、死んだ経緯と理由がわからないから納得できないのはふつうであると思います。しかし、だんだんこう考えるようになりました。命のありようは、人間の解釈や、都合が通じないものです。命のもっているご縁という事実を受け入れるしかないのが、命のありようなのです。

わたしは、向こうから見えてくるまで待つうちに、事実を受け入れるための時間をとおしてさまざまなことが見える自分になってきたと思います。そこにいたる多様なご縁を受け入れることで、タテの縁とヨコの縁の尊さと、自己が生かされているありがたさ、家内が生きていたありがたさがジンワリと身に染みてきたわけです。

それが、向こうから見えてきたことでした。

こころを真実につなげるために

電車のなかでつり革につかまっていたとき、中年の女性が、となりの席が空いたからかけなさいと合図しました。それで、その女性と並んで座ったところ、彼女はカルチャーセンターで、わたしの「生き死に学」の講座を聞いていたそうです。

講座に参加した理由は、ご主人との死別の悲しさをのりこえるためだったというのです。そして、講座を聞いて、死別の悲しさを生きることができたということでした。

わたしは自分の体験と研究活動の枠のなかで模索したことを提供しているだけですが、悲しんでいる人がその話を聞いて、ご自分の痛みに重ねて咀嚼《そしゃく》していることがわかって、こうした活動を続けていることや、それを語るご縁をいただけたことをしみじみとありがたいと思いました。

‡

友人が腸の病気になった。どうもガンらしい。当人が落ち込んでいるので、坐禅かなにかで元気を取りもどせないか。その友人の友人からそのような相談を持ち込まれました。

急に坐禅などをしようとすると、かえってこころが堅くなります。むしろ、楽な気持ちになれるような方法で、身心をゆったりさせることができないだろうかと思案しました。そこでふと思ったのは、声に出す方法で身心を解放するのはどうだろうか、ということです。

盆と彼岸にはお墓参りをする方だというので、それならば念仏なり唱題《しょうだい》なり読経《どきょう》なりを声に出すのがいいのではないかと思い、念仏なら念仏を「マントラ」（真言）のようにとなえることをすすめました。「マントラ」とはもともと文字や言葉のことですが、仏教、とくに密教でつかわれています。こころを真実につなげる言葉のことです。

『般若心経《はんにゃしんぎょう》』の最後に、「ギャーテー、ギャーテー……」とありますが、これもマントラです。

低い声でゆっくりと声を出すときは下腹が基本ですから、病んだ腸にもいいかもしれません。マインドフルネスの考え方で、声に出してマントラのようにとなえることをすすめました。

それに気が乗らないなら、ブッダの『法句経《ほっくきょう》』から気にいった言葉を低声でゆっくりととなえてみてはどうだろうか、という提案もしました。『法句経』はブッダの言葉を集めた最も古い経典といわれるものです。

‡

日比谷界隈のサラリーマン、ＯＬに坐禅をしてもらう施設を手伝ったことがあります。

そのとき、忙しい日常生活から急に「坐禅・瞑想」に気持ちを切りかえるには、それなりの目的意識の確認が必要であろうと考えました。瞑想でなにを回復しようとしているのか、そして、なにを目標にして生活を送っているのかなどについての確認です。

禅の修行道場では、夜の坐禅が終わる前に、道元禅師の坐禅の指導書を低声でゆっくりと読むことがあります。そこで、一般の人が参加する坐禅会などにふさわしい禅語などを探してみました。そして気がついたのは、現実生活と、坐禅の静寂なこころとを結びつけるには、ブッダの言葉が最高ではないかということでした。一つだけ、挙げておきます。

眠れない人に夜は長く、疲れた者に道は遠い。人の道に気づかない人に、迷い苦しみの道程は長い。

こういう言葉を低い声で自分に言い聞かせるようにとなえることは、マントラをとなえることと同じような効果を発揮するだろうと思います。

それによって自己のこころの底にある迷いへの気づきと、生きる目的意識とが確認されるからです。生かされている自己に充実するようになり、混乱を超える道が開けると思います。

不安にならず感謝の目で見る

昭和四十年代、大規模な水子供養のための寺が建立されたことをきっかけに、全国に水子地蔵をまつることが広がっていきました。

なにか不都合やトラブルが発生すると、水子や不遇の死を遂げた人の「たたり（祟り）」にちがいない、という論理で説明しようとする人がいます。そういう論理が、「霊感商法」などに悪用され、人を迷わせることがあります。

ある会合が終わり、帰ろうとしてエレベーターに乗ったところ、廊下でうろうろしていた女性がスッと乗り込んできて、「中野先生ですね？　ご相談したいことがあります」と真剣な表情で話しかけてきました。僧衣すがたでしたので、相談を受けてもしかたがないと思い、話を聞くことにしました。

人にすすめられてお寺でお祓《はら》いをしてもらったが、体調不良も治らないし、仕事の運も開けない、という訴えです。

女手一つで子どもを育てているが、お寺に納めた額は百万円に近く、さらなるお祓いをすすめられているというのです。女性は不安の虜《とりこ》になっているようでした。お寺を紹介した知人にはなにもかも話しており、その不安が利用されていると感じられました。

「たたり」を利用する商法は、原因不明の不安・恐怖になにか原因をこじつけて納得させるものです。まず「不安」を聞き、その「原因」たる「不可解なもの」を仮定し、それを解消するための「説明をおこない」、最後に「祓《はら》い」をする、というものです。それは宗教学や、生命倫理の問題としていろいろ研究されています。

そのような話をしたところ、女性の顔が少し明るくなったようでした。

「水子地蔵」は江戸時代からありましたが、地蔵さんの主流は「子育て地蔵」でしたから、そんなに多くはありませんでした。「水子」というのは、流産した赤子の法名《ほうみょう》に使われるものです。お寺によくある水子地蔵は、朝露《あさつゆ》の命すらもてなかった子を供養するためのお地蔵さんです。

この水子地蔵が昭和のある時期から爆発的に増えるのです。

終戦後、出産が増えたことや、望まない妊娠の問題などを背景に、母体の保護を目的として中絶手術を認める法律が制定されました。それによって、日本ではそれまで許されていなかった人工妊娠中絶の手術が受けられるようになったのです。

手術を受けた女性たちが、更年期の体調不良や夫婦間の不和、子どもの非行など、自身では説明のつかない問題に遭遇することがあります。そのとき、かつての中絶胎児のたたりだと説明されたりしたことによって、水子地蔵におまいりすることが一般化しました。それが、昭和四十年代のことです。問題は、水子地蔵が水子を供養するためではなく、不幸の原因は水子のたたりにあるという説明につかわれ、苦しむ女性たちを不安におとしいれて金儲けすることにあるわけです。

‡

終末期の患者さんの話を聞くボランティアの方の報告です。ある女性患者は家族がなく、ボランティアと話してみたいというので訪問したそうです。

一回目でわかったことは、「もう何もできないので早く死にたい。宗教はきらい」ということでした。

二回目の訪問のとき、対話のなかで「お母さん」という言葉が出たので、「お母さんはどんな人だったの?」とたずねると、思い出を語りはじめ、時間いっぱい思い出を聞いてあげたそうです。

三回目のときは、「私、水子がいるのよね。そのたたりなんてあるんでしょうか」と、いきなり聞かれます。一人で生きてきて、中絶しなければならず、それが重荷になって、「宗教はきらい」と思うようになっていたようでした。

報告を聞いて思いました。お母さんの思い出を語ったことで、過去の恵みをありがたく感じるこころが動いて、素直になり、「水子に謝罪して死のう」という気持ちが起こって、恐怖や負い目が軽くなったのだろう、と。

‡

「自分にはもともといい縁がない」とか、「縁がわるかった」と言う人がいます。しかし、縁がいいとか、縁がわるいとかいうことは、簡単に決められるものではありません。

「いいご縁ですね」などと、感謝の気持ちをもって言うときにはそれなりの効果がありますし、いい雰囲気をかもし出します。また、「ご縁がありますね」という喜びの出会いもあります。そういう状況は、人間関係のヨコの縁としてしばしば見ることができます。

しかし、「わるい縁」というのは、単なる言いわけにつかわれたり、霊感商法の道具につかわれたりします。そういう状況におちいらないためには、感謝・喜びの視点を回復させるようにするこころがまえが大事だろうと思います。

いつも「ありがとう」の気持ちを

賭け事、投機的な商売など、期待と不安を同時にかかえる状況においては、結果に当たり外れがあります。その期待と不安が、「運」という言葉で表されます。

運には、「前もって期待すること」と、「事後の結果のよしあしを評価すること」という心理的態度が基本の構造としてあります。

そして期待には、「空想で大きくなっている場合」と、「空想への肥大がない場合」との違いがあります。空想への肥大がない場合は、結果に対して失望することがないので、どのような結果からでもなにかを学ぶことができますし、自分の行為に意味づけをすることができます。感謝することさえできるのです。

‡

わたしは会社を辞め、永平寺に上りました。その縁で東京の寺に弟子入りさせていただきました。また、師僧夫人にすすめられ、寺に参禅していた女性を妻に迎えました。こうした仏の恵みを「仏縁」といいますが、まさに仏縁のなかで生かされてきました。その縁に深く感謝しています。

そして後年、曹洞宗の研修所に入れていただくことになります。布教活動に努めていた縁で、臨済宗の松原泰道先生に誘われ、仏教に関心のある宗派を超えた人たちの集まりである「南無の会」の仲間に入れていただきました。松原先生は『般若心経入門』というベストセラーを書かれたりして、仏教を一般の人にわかりやすく紹介した方でした。

また、「正法眼蔵参究会」で縁のあった教授の紹介でカルチャー・センターに出講させていただいたおかげで、『正法眼蔵』を現代人の視点で読むという道が開けました。そして新たに知遇を得た、安楽死・脳死・ホスピス問題研究の先生方のおかげで、「生命倫理や死生学」について納得のできるところまで参究できたのではないかと思っています。

これらすべてが、自己の納得のために学んだことでしたが、振り返ってみると、すべてが多くの「おかげ」でした。いい縁に恵まれました。

わたしは中学校を卒業してすぐ働き出しましたが、納得するまでがんばろうという気持ちはいつももっていました。あと何年、こういうことができるかわかりませんが、最後まで納得することに精を出したいと思います。

‡

最近、人間関係で失敗して後悔しているという手紙をいただきました。思い出して反省することはこれからのために役立つことがあるかもしれませんが、後悔してくよくよしてもいいことはありません。そこで、「ありがとう」という言葉が思いうかびました。

過去のことや毎日のことを「ありがとう」の視点で見なおしてみましょう、という提案をしました。縁に感謝できるように生きていきたい、とわたし自身が思っているからです。

長い間担当してきた講座の役職を引退するときも、「自分の大切な世界だ」という執着よりも、大切だからこそこの役職を引きうける後進に育ってほしいという思いがあり、よいタイミングで交代したという楽な気持ちで退任できたことはありがたいことでした。

わたしはいま一人暮らしになり、「ありがとう」の気持ちが、一人を楽しませてくれているように思います。良寛さんの「ひとり遊び」を楽しむ姿勢は、案外こんなこころの態度によるものかもしれないと感じるようになりました。

こころの縁は成熟する

命についてのタテの縁と、人間関係のヨコの縁とがクロスして、そこで自分のこころが深まることがあります。その「こころの縁」はどのような形で熟成していくのでしょうか。

八十代のAさんからの相談です。

Aさんは、心臓弁膜症で十年ほど前に置換手術をしていました。その弁をそろそろ取り替えたほうがいい、と医師からすすめられました。

そこで、「この歳になって、大手術を受ければ、数年間の健康に恵まれるかもしれないが、そうなる保証があるとはいえません。しかし、手術をためらっているうちに悪化してしまうかもしれません。いや、そのほうが案外ほどほどに生きて死ねるかもしれません。どちらを選んだらいいものか……」と迷っての相談でした。

そこで申し上げました。

「手術して長生きできるかもしれないし、そうならないかもしれません。手術しないで、後悔するような状態になるかもしれません。先のことはわからないわけです。したがって、先の予想をしていまの選択を決定するのは、賭けと同じです」と。

賭けをするときは、賭ける勇気と、結果がどうであっても人のせいにしないという自己責任が必要です。つまり、もっとも大切なことは、「ハラのすわり」でしょう。

次に大切なことは、そう選択したことが家族や愛する人のため、あるいは自分にとってよいことだと信じてしたことであると言い切れることです。そうであれば、結果が予想と違っても後悔はしないでしょう。

つまり、将来の結果への予想で選択するのは第二義であり、第一義は選択するいまの自分のこころのあり方にあるということです。

仏教の基本は、こころを考察することです。

その一つの系統は「唯識学《ゆいしきがく》」といい、奈良仏教がそれを受け継いで、深層意識などについてもくわしく考察しています。

もう一つの系統は、「こころ学」というべきものです。「目的意識」が煩悩の深層意識を転換し、清らかなこころを実現させるという学問です。

‡

禅の道元さんは、「こころ学」の系統になります。そこで説明されるこころは、「身体と連動している精神活動」、「経験や学習で得ることができる知識」、「目的意識」の三つです。

目的意識によって、知識もいろいろにはたらきます。また身体的な影響に引きずられるこころも、目的意識が変われればそれに連動して変わります。道元さんは、「真実を求めるこころ（菩提心）をはたらかせるのは目的意識である」と言っています。

手術するかどうかなどという重要な選択をするとき、後悔しない決断をするためには、なにが中心かを見きわめる必要があります。その上で、選んだ決断自体が、そのときの自己の全力だったという思いがあればいいのではないでしょうか。

命というタテの縁と、医療などのヨコの縁とのかかわりの場で、自己のこころの縁を成熟させていきたいものです。

おかげさまで生きている

良寛さんの辞世の句といわれているものに、

うらを見せ　おもてを見せて　散るもみじ

があります。

越後の名主の長男だった良寛さんは、生涯乞食僧《こつじきそう》でとおし、後半生は地元に居つづけ逃げ出しませんでした。人生のウラもオモテも、ごまかしようがなく、自らをさらけ出して死んでいくという開き直りの句だと思います。

音楽関係の仕事をしている女性から、「良寛さんのこの句は着地点を見ているということではないでしょうか」と質問されたことがありました。

着地点というのは、紅葉の命が落ちて朽ち果てることでしょう。輝く紅葉が枝を離れてヒラヒラと落ちるときは、ウラもオモテも隠し立てできず、最後の瞬間を秋の風にのって輝くしかないわけです。しかし、その軽やかな一瞬に己をまかせて自然に帰るということは、良寛さんの人生のけじめのつけ方なのだろうと思います。

質問した女性もまた、おそらくご自分の人生をこの句に重ねていたのではないかと思います。

人は大自然のなかで命をいただきます。それは、その人なりの命のご縁です。その人なりに受け入れ、納得して生きていかざるをえません。

「ハラがすわる」とは、そう納得することだと思います。

わたしたち自身も、家族も、親しくしている人も、いずれ散っていきます。そのとき、悲嘆、喪失感、後悔の念などにとらわれるでしょう。しかし、自分たちは自然の恵みにつつまれていると感じることができれば、そのような縁の受けとめ方は違ってきます。

‡

タテの縁をヨコの縁がささえ、そこでこころの縁が成熟し、落ち着いていけることもあるだろうと思います。

自分のこころのなかの葛藤や、深いこころを、事あるごとに確かめ、気づくことが、自己を深化させていくのです。

そのためには、思うこと、感じることを言葉にしてみることは大きな効果があります。

「自分はおかげさまで生きている」ということを確かめることが、死や別離という縁を昇華する手立てになると思います。

良寛さんは、自分の下痢の状況まで克明に歌に詠んでいます。言葉にする作業によって、自分の混乱と、なすべき方向とが見えてくるかもしれません。

喪失体験はこころを深くする

「死の臨床研究会」に参加していました。お医者さんや看護師さんたちの研究発表を聞いていたおかげで、死についての医療の考えをいろいろ聞くことができました。

なかでも、「喪失体験」は多くの人がかかえる悲しみであり、それをやわらげる手立ては非常に重要であると感じました。家族や親しい人との死別とか、受験や就職の失敗、失恋、失業、定年など、なんらかの喪失を体験している人は多くいます。抗ガン剤で髪の毛が抜ける、子宮や卵巣を失う、乳房を失う、事故で身体の一部分を失うなど、それぞれの状況は違っても、なにかを失う体験といえます。

しかし、人生の階段を挫折しないで上ってきた人は、喪失体験が希薄ですから、家族の死や病気、自分の失職などの喪失に遭遇すると、自尊心をもちこたえられなくなってしまい、逃げようとします。

「オレは忙しいんだ」と言って、親の介護を妻に任せておいて、親が死ぬと「お前に頼んでおいたじゃないか……」と妻を責めたりするという話を聞くことがあります。それが、喪失体験のない人の事例です。

なんらかの喪失体験がある人は、新たな挫折に出会っても、開き直り、それに打ち勝つためにはどうしたらいいか考えるものです。

たとえば、自分の体調不良がガンだと判明しても、喪失体験という免疫ができていれば、ショックは少しはやわらぐということがあるようです。

過去の失恋体験や、失業体験などが、そのままガンの闘病に役立つのではなく、大切なものを喪失するという精神的体験が、より大きな喪失を体験するときに、「ゼロにもどってみる」こころの姿勢を思い出させるわけです。

‡

二〜三世紀のインドで、「空」思想を確立した龍樹菩薩《りゅうじゅぼさつ》（ナーガールジュナ）は、喪失体験をした人について、次のような四種類の人を示して教えを説いています。

他村の人の死を聞いて、自己の無常を悟る人
自分の村の人の死を聞いて、自己の無常を悟る人
自分の親の死を見て、やっと自己の無常を悟る人
自分の老・病に直面して、はじめて自己の無常を悟る人

つまり、いろいろな形の喪失体験を契機として、その人自身を深く育てていくということですが、喪失体験がつらければつらいほど、「命の危うさを感じ、そこでこころを深くする」という両面を同時に成立させているという教えです。その体験をこころにもちつつ現実を生きるとき、その生は死の真実を生かしていることになります。

道元さんは、このような現実をふまえて、「自分の命は自分では選べなかったものであり、欠点も長所も丸ごと一緒にあずかっているということが自己の人生であり、もしそこから逃げようとすれば、仏の真理・真実を捨てることになる」という視点を示しています。

さらに、「ブッダは生き死にの現実を無心にまかせている。命自体にまかせている。人間らしく生きるという道にまかせている。生死という命のはたらきのありようにまかせている。そして、そのように生きている」と言っています。

生死を命のあるがままにまかせるとは、実際にはどういうことでしょうか。

わたしたちは生まれてこのかた、いろいろな不自由を経験し、喜んだり、嘆いたりの人生を送っているわけです。しかし、自分が生きているいま現在、ここで生きているという現実、そこにこそ意義があるということだと思います。

意義があるということは、現在の自分の存在そのものを喜んでいることだと思います。

「失ったものの大きさは、あたえられていたものの大きさである」といわれます。あたえられていたものの大きな意義に気がついたら、「失ったものにも生かされていた」ことに気がつき、その深い意味に満たされ、喪失感は埋められるわけです。

一つの喜びがあの世も喜びで満たす

「在宅医療をすすめる会」で聞いた、あるご夫婦の話です。

六年間寝たきりの夫人が息を引き取る少し前に、「あんた、愛してる?」と夫にたずねました。なんてことを聞くんだとしばらくはいぶかりながらも、夫はハラを決めて、「お前と結婚してよかった」と言ったそうです。

このひと言で、奥さんの人生はすべて喜びに満たされたのではないでしょうか。この結論に達した夫も、満たされたと思います。

このケースは死の間際の特別なものといえるかもしれません。しかし、わたしたちの日常において、このような「よかった」と思える縁を確かめることができる機会は少なくないと思います。

道元さんは言っています。

たとえ人生の大部分を刺激に振り回されてきたとしても、その中の一日をよかったにすると、一生の百年がみなよかったことになり、さらにはあの世の百年もよかったということになります。

人生のたった一日でも「よかった」と言えたら、人生のすべてがよかったことになるなんておかしい、と思う人がいるかもしれません。

しかし、おかしいと思うのは、想像しているだけだからです。自分がいま、心底喜びに満たされていたら、その喜びが「過去」も「明日」も輝かせてくれるはずです。

‡

ある地方での講習会が終わり、電車に乗ったところ、老婦人が話しかけてきました。わたしは僧衣を着ていましたが、婦人は女性神主さんでした。

「小学生の孫が亡くなり、まもなく一年になるので、息子夫婦に納骨したらどうかとすすめたのですが、いやだと言います。どうしたらよいものでしょうか」というおたずねでした。

くわしく聞くと、お孫さんは生まれたときから内臓に病気があり、入退院を繰り返していたそうです。院内学級で学びながら、調子がよいときは学校に行っていたといいます。ある日の作文では、「ぼくは人のおかげで生きているから、おとなになったら人の役に立つことをしたい」と書いていたということでした。

それで、思いついたことを申し上げました。

「納骨をしなければいけないという法律はありませんが、息子さん夫婦が納骨したくないというのは、おそらく亡き子への負い目があるからだろうと思います。いまうかがうと、『おとなになったら人の役に立つことをしたい』と作文に書いてあったそうですから、その言葉にそって、お孫さんの命日に、お世話になった病院の小児科にいろ紙・絵の具・絵本などを、さらに学校の図書室には図書を、その子の記念としてご寄付をなさってはいかがでしょうか。お孫さんがしたかったことを、親御さんが実現してあげるのです」と提案しました。

小児科の先生や看護師さんは、クリスマスやひな祭りなどのとき、子どもたちのためにがんばって飾りを作ったりしますから、いろ紙などは役に立つと思ったからです。

すると婦人は、「やっぱり人に聞いてみるべきですね。さっそく電話をしてみます」と大喜びでしたので、「押しつけたらだめですよ。息子さんたちが、してみたいと言ったら、すすめてください」と申し上げました。

悲しみを縁（契機）として、それを「意味あるものとして輝かせる」という役割を果たすことで悲しみを安らぎに変える視点が出てくると思います。

病にどう対応するか

日本でホスピス（緩和ケア病棟）が開設されたのは、一九八〇年前後です。現在では全国に四百カ所に近いホスピスができました。

当初の大きな課題は「ガンの告知のしかた」でした。いまではガンは不治の病ではなく、手術で延命できる人も多くなっていますが、それでもまだガンの恐怖はかなりのものです。

医師が患者やその家族にガンを伝えることを「告知」といいますが、医師はその伝え方をいろいろ工夫してきました。「段階的告知」の方法を工夫した医師もいます。

「ちょっと難しい病気かもしれませんね。もう少し調べてみましょう」とか、「腫瘍かもしれませんから、専門医にみてもらいましょう」、「必ずしも悪性というわけではありませんが、大きくなるのを防ぐために取ることにしませんか」などと、患者が希望を失わないように、一、二歩手前の表現で伝えるなどの工夫です。

ところが最近は、パソコンの画面を見ながら（患者の顔から目をそらせて）、ズバリ事実を告げることが多いようです。

「絶対、ほんとうの病名を言ってください」という人が増えているようですが、患者や家族のショックと悲嘆に対するいたわりがない場合も少なくないようです。

一方、ガン患者のなかには、「罰が当たった」とか「何かのたたりだ」などと受けとめる人がいます。因果関係がはっきりしないのに、そのような状況になった理由をなんとかして探そうとするのです。

そして、失望と混乱のなかで思考停止してしまいます。

それに対抗する道は正しい知識です。「病を知れば癒《い》ゆるに近し」といいますが、どんな病か、現在の医学で治すことができるのか、まずそれを知ることが必要です。

しかし、恐怖に対して知性を維持するためには、共感してくれる人が必要です。家族への思いやりから、自分がガンであることを知らないふりをしている患者もいるようです。その家族への思いやりこそが、役割意識を育てて患者を強くしている場合があるかもしれません。

親鸞聖人はある手紙で、「身体的病気と精神的病気は異なります。身体的病気へ配慮することは大切ですが、こころの苦悩への配慮のほうを重視すべきです」と述べています。ガンは精神的病気ではありませんが、病む人と家族にとって、ガンは二つの苦しみが連動している病気なのです。

‡

痛みの研究は古代ギリシャの時代からなされていたそうですが、アメリカでは南北戦争あたりから深く考察されるようになったようです。

疫痢・赤痢の痛みのことを「絞るような痛み」といいます。わたしは赤痢にかかったことがありますが、腸が、雑巾を絞るように絞られる感じです。そうした体験と合わせてみると、痛みの研究が必要なことがよくわかります。「痛みとは注意力のかたよりである」といわれます。また、痛みは言葉では表現できないともいわれます。

一方、痛みは看護する家族などの対応で変化するとも、さらには自己観察で変化するともいわれます。また、過去の体験や、病気の種類などでも変わるなどと指摘されています。

こころを混乱させ、自虐的になったり、あるいは甘えたり、怒ったりするようになります。

知り合いの老僧は、日ごろから、「病気は病気にまかせる」とよく言っていました。元気なときは、その言葉を聞いてそのとおりだと思っても、病気になったら病気にまかせることはむずかしいと思います。

しかし、自己の命を運命にまかせるという視点が、身体は回復できなくても、こころを病ませないということはあるようです。

人を批判する前に

わたしたちは、とかく人を批判しがちになります。それは、気にくわないことがあるからです。関係が深くない人への批判は一般論としての批判が多く、あまり問題になりません。しかし、自分と関係がある人への批判は感情的なものになります。

ブッダは、「他人の過ちはよく目につくが、自分の過失はあまり見えないものです。そして他人の過失をやっきになって正そうとします」と言っています。

人間は、自分が失敗して注意深くなったり、苦労して学んだりしたことには、特別の思い入れがありますから、些細なことでもこころが向いて原則的倫理観に立ち返ろうとします。それは、自己に厳しくなるからです。

同時に、自分への厳しさがそのまま他者への厳しさに連動します。それで「他人の過ちはよく目につく」ことになり、自分の立ち位置から相手を見てしまいます。その結果「自分の過失はあまり見えない」ことになってしまうわけです。

ところが、自分の失敗・過ちをこころから恥ずかしく思い、なぜあのような失敗をしたかについてしっかりと自己批判ができていると、人の過失を見たとき、批判する前に、人がなぜそんな失敗をするかについて考えるものです。

そのために、ワンテンポのゆとりができて、反射的な批判のこころになる前に、相手の未熟さが見えてくるわけです。

そういうこころを「いたわりのこころ」というのでしょう。

‡

ブッダは、自己と他者とのこうした関係のあり方について、「怒らないことによって怒りに打ち勝ちなさい。善いことによって善からぬことに打ち勝ちなさい。分かち合うことによって、物惜しみのこころに打ち勝ちなさい。真実によってウソを言う人に打ち勝ちなさい」と説いています。

人の不注意な言葉やおこないをみると、自分の立場は正しいという絶対感が生起して、相手の人格を全否定するようなこころの態度になり、つい批判的になってしまいます。そうして、自分の側の人と、自分の側でない人とに分けてしまうわけです。

ブッダはそのようなことに関して、「いやな人と親しい人の区別・こだわりを超えることは、真実への入り口です。平等のこころを育てるからです」と言います。

相手の対応に刺激されてこころに波風が立たないように、いつも落ち着いた気持ちでいることはむずかしいことですが、そう努力したいものです。

自分のいたらなさや恥の体験がある人は、人を責めることに痛みをもち、その痛みがあるから、人に注意するときに配慮できるのでしょう。

‡

歌人として美術史研究者として活躍した会津八一《あいづやいち》さんに、「学規」という書があります。

一、ふかくこの生を愛すべし。

一、かえりみて己を知るべし。

というものです。人との関係で「好き・嫌い」が生じるのは、人の世の現実です。しかし、「ふかくこの生を愛す」るから、己を醜くしてしまうことがつらいので、「かえりみて己を知る」ようにしたいという思いです。

このあと、「一、学芸を以て性を養うべし。一、日々新面目あるべし。」と続きます。

毎日をよかったものにしていくために努力していく、そしてそれは自己の責任である、という決意のようなものを感じます。

反省は世間を照らす光になる

悪いこころが起こるのは当人の内心の弱さですが、それは多くは対人関係ではたらきます。

ブッダは、「以前に過ちをした人であっても、後に善で清める人は、この世を照らす。雲を離れた月のように」と言っています。

過ちに気づき、それを反省すると、間違いを繰り返さなくなるだけでなく、周りの人もよい影響を受け、過ちを反省するようになるということです。つまり、反省することは大きな功徳である、という教えです。

人間は悪さをするときは、たいてい悪さを自覚しています。自覚しているのに、自己保全的に悪さをするわけです。

それゆえに、反省すること自体が「善と悪」を気づかせているわけで、その反省が当人も周りの人をも清らかにしている、というわけです。

人間関係というヨコの縁において、こころが清まり、真っ直ぐになると、当人だけでなく世の中を救うわけです。

‡

盤珪禅師《ばんけいぜんじ》にふたたび登場いただきます。

禅師の説法がとてもわかりやすいために多くの人が聞法《もんぽう》に集まりました。禅師は話が終わると必ず質問を促しましたので、あるとき若い坊さんが、「私は生まれつき短気であります。郷里の親も、同輩も注意してくれるのですが、生まれつきなものですからなかなか治りません。どうしたら治るでしょうか」と質問しました。

禅師が、「ハハー、おもしろいものに生まれつきましたね。その短気とやらを治してしんぜましょうから、ここに出してご覧なさい」と言うと、青年僧は、「いいえ、いまはございません。なにかの拍子にふいに出るのです」と答えました。

すると禅師は、「なにかの拍子にふいに出るのなら、それはお前さんが、相手のモノに取り合って、自分でしでかしているのだ。それを生まれつきなどと親のせいにするとは、大不孝者！」と、一喝しました。青年僧はたいへん恥じたそうです。

短気になるのは、考える力が欠如しているからです。「生まれつき」などと言いわけするのは、内心の甘えの一種でしょう。そしてその甘えが、他者との関係を無視して短絡的な感情に反応しているわけです。

盤珪禅師の「相手のモノに取り合う。自分でしでかす。それを生まれつきなどと親のせいにする」という見方は、短気のしくみをうまく解剖し、単純明快に仏教の人間観を語っています。

仏教の基本的な人間観は、こころは「身体、感覚器官、記憶、好き嫌いの欲求、自意識」の五つの機能によってはたらいている、というものです。

‡

八十歳のブッダは、故郷に向かって旅をしていました。クシナガラ村のはずれのシャラの林で、疲れて横になります。そこで夜半に、同行の弟子たちに語ります。

苦悩から解放を求める人は、一つひとつの愚かさを自覚して解放される生き方をしなさい。

そして、「牛が他人の畑に入ろうとしたら杖(棒)を見せて、入らないようにするように、自己のこころが欲望に振り回されないように大切な目標を思い出しなさい」と続けます。自制心が必要であることを説いているのです。

こころが「人間らしく生きる」という大目標につながっていたら、すぐに生き方の姿勢が回復するのだと思います。

悲しみに直面したとき

「脳死・臓器移植について仏教はどう答えるか」という課題を研究する会に参加したことがあります。腎臓病関係のお医者さんたちの要請で、いくつかの宗派の僧侶が集められ、何度か研究会をもちました。

そのときに、お子さんの臓器を提供するにいたった親御さんの話を聞く機会がありました。

五歳の子どもが、夜中に突然上半身を起こし、「こわいよー」と叫んで、そのままばったりと後ろに倒れて気絶しました。脳の大動脈が破裂し、大出血で脳が瞬時に圧迫される「脳ヘルニア」でした。医師団は最善を尽くしてくれましたが、病状は一向によくならず、いわゆる脳死状態になりました。

二日経ち、三日経ち、病状に変化はありませんでしたが、お父さんは自分がかつてライオンズクラブで腎臓提供の呼びかけ運動をしていたことを思い出したそうです。生体腎の移植なら成功率が高いことはわかっていました。

そして、「この子も、人間としてこの世に生まれて、わずか五年の人生だったのか。でも、せっかく人間としてこの世に生きたのだから、生きたあかしを残してやりたい」と、ふと思ったそうです。「そうだ、この子の腎臓を提供して、他の病気のお子さんに役立ててあげたら、この子の生きたあかしになるのではないか。でも、妻に言ったら、泣いて反対するかもしれない……」と悩みました。

翌日、意を決して妻に話してみました。すると妻は、「あなたも考えていたのですか……」と賛成の意を示し、夫婦で医師に申し出ます。

そのような報告でした。このご夫婦の悲しみと葛藤が、病気で苦しんでいる他の子どもへの目線を開かせたのだと思います。それで、わが子の「命の尊厳」を生かすことで「わが子が生きた意義」を輝かせたのでしょう。

この事例は、命に関することですからタテの縁の話ですが、同時に、悲しみを共有するというヨコの縁に広がる話でもあります。そして、このような縁を生きるということは、なによりも自分を見つめている自分がいるからできるのだと思います。

そこには、悲しみに直面した人が、それゆえにこそ他者が見えてきて「自我の壁」を超えられる、という人間のあり方を示していると思います。

‡

「死の臨床研究」を始めたころ、研究仲間の医師に、「病気見舞いについて研究した資料のようなものはありますか」とたずねました。

彼は、「ありますよ。世界で一つだけですが」と言って、ヴァン・デン・ベルクという人の『病床の心理学』（現代社）という本を教えてくれました。ベルクさんはオランダの精神科医で、一九五二年にその本を書いています。

その本の第二章「見舞い客への助言」で、ベルクさんは次のようなことを教えてくれます。

まず、言葉を用意していかないことをすすめています。相手がガンなどですと、どう話していいかわからないので、言葉を用意してしまいます。しかし、患者はふつうの会話をしたいのだから、臨機応変の会話のほうがいいのです。

自分の言いたいことだけ言って嵐のように去る見舞い客がいます。そのような見舞い客であれば、患者は混乱を引きずるだけだと注意を促しています。

当然のことですが、見舞い客は短時間でもちゃんとコートを脱ぐことをすすめています。着たままでは、早く帰りたいという気持ちを見すかされてしまいます。

そして、患者が勇気をもって知りたいと思った話題を、見舞い客は避けてはならない、たとえ「死について」でも、と述べてます。見舞い客のほうに配慮があれば傷つけることはないから、最善を尽くして話したほうがいいというのです。

これらのほかにも、見舞い客への厳しい要望が書かれています。真実を知ることによって患者は成熟するのですから、見舞いにいくときに役に立つ助言といえます。

なにもかも輝いている

禅には、「大地には、いろいろに異なる花々が、それぞれに自分の色で輝いています。しかも、異なる花たちは比較したり、争ったりしていません」という教えがあります。

「大地百花《だいちひゃっか》」という言葉です。なにもかも美しく輝いている光景が思い浮かんできます。

そして現実の世界においては、貧困に苦しんでいる人も、介護で苦労している人も、ケガや病気で葛藤している人も、職場の人間関係で落ち込んでいる人も、初心者も熟練者も、先輩も後輩も、それぞれに苦心しつつ、生きる意味を探しながら精いっぱい輝いています。

人間関係、社会的関係、仕事の関係、健康との関係等々、それぞれの立場、その人なりの寸法で、現在の自分の役割を生きる――それが「大地百花」だと思います。

‡

中国のある禅僧に、修行僧が質問します。

「仏ってなんですか」と。

禅僧は答えます。「新婦、驢《ろ》に乗れば、阿家《あこ》（姑《しゅうと》）ひく」と。

嫁さんと義母とが畑仕事の帰りか、買い物の帰りかで、ロバを引いて歩いています。そして嫁さんが、「お母さんお疲れでしょう。少しロバに乗ってはいかがですか」と気配りします。

ロバも疲れていますから酷使はできません。でも、老いた義母の疲れが思いやられます。

それで、義母がしばらく乗って、「やれやれ、助かった。今度はお前さんが乗って足を休めなさいよ」と、嫁さんを思いやります。嫁さんも形式などにとらわれず、「お母さん、ありがとうございます」と、思いやりに応じます。

人が見たら、「なんだあの嫁は。自分がロバに乗って年寄りを歩かせている」と言うかもしれません。しかし、年寄りの親切に逆らわず、「ありがとうございます」と甘える自由さは大切にしたいものです。

ヨコの縁である人間関係には秩序が必要です。実際、組織にも、商売にも、チームにも、仲間にも秩序はあります。秩序を守ることでその集団は活性化します。ところが秩序が窮屈になる場合があります。だからといって、秩序を壊してしまったらなんにもなりません。

秩序の土台となっているものは、人間としての「愛」や「痛みの共感」です。秩序を生かしながら、その根底にある思いやりがはたらく自由さが、「空《くう》のこころ」ではないでしょうか。

そのとき、その場で、あなたが「空のこころ」ではたらくことこそ、「百花」を咲かせるのだと思います。

中野東禅（なかの・とうぜん）

1939年静岡県生まれ。駒澤大学大学院修士課程修了。曹洞宗教化研修所研修所員・同所講師・主事、曹洞宗総合研究センター教化研修部門講師等を務める一方、大正大学、武蔵野大学、駒澤大学等の非常勤講師（死生学、生命倫理等）、「南無の会」副総務、可睡斎僧堂後堂、龍宝寺（京都市）住職等を歴任。

主な著書に、『日曜日の正法眼蔵』東京堂出版、『傍訳·正法眼蔵』（全６巻）四季社、『心が大きくなる坐禅のすすめ』三笠書房、『いつでもできる坐禅入門』毎日新聞社、『仏教の生き死に学』NHK出版、『道元百話』東方出版、『日本人のこころの言葉　良寛』『読む坐禅』創元社 など

縁《えん》を生《い》きる

2017年５月20日　第１版第１刷発行

著　者	中野東禅
発行者	矢部敬一
発行所	株式会社 創元社
	〒541−0047 大阪市中央区淡路町4−3−6
	TEL 06−6231−9010（代）
	FAX 06−6233−3111
	URL http://www.sogensha.co.jp/
東京支店	〒162−0825 東京都新宿区神楽坂4−3 煉瓦塔ビル
	TEL 03−3269−1051
印刷所	藤原印刷株式会社

乱丁·落丁の場合はおとりかえいたします。　検印廃止

ISBN978-4-422-14029-2　C0015